手把手教你

选出赚钱好基金

书签客 著

中信出版集团｜北京

图书在版编目（CIP）数据

手把手教你选出赚钱好基金 / 书签客著 . —北京：中信出版社，2021.11
ISBN 978-7-5217-3318-1

Ⅰ.①手… Ⅱ.①书… Ⅲ.①基金—投资—基本知识 Ⅳ.① F830.59

中国版本图书馆 CIP 数据核字（2021）第 135688 号

手把手教你选出赚钱好基金

著者：书签客
出版发行：中信出版集团股份有限公司
（北京市朝阳区惠新东街甲 4 号富盛大厦 2 座 邮编 100029）
承印者：北京诚信伟业印刷有限公司

开本：787mm×1092mm 1/16		印张：17.25	字数：216 千字
版次：2021 年 11 月第 1 版		印次：2021 年 11 月第 1 次印刷	

书号：ISBN 978-7-5217-3318-1
定价：65.00 元

版权所有·侵权必究
如有印刷、装订问题，本公司负责调换。
服务热线：400-600-8099
投稿邮箱：author@citicpub.com

献给一直支持我的母亲
和我的妻子
还有最可爱的女儿茜茜和朵朵

插画为作者女儿茜茜所作

前言

写前言是一件"烧脑"的事情，因为要把整本书的内容在一两千字中说得很清楚，并不容易。想说很多，又担心说多了大家就不看正文了。在纠结中，我再次认真阅读即将印刷的书稿，这期间有一个问题一直萦绕在我脑海里，一本书到底要写到什么程度才能称得上物有所值？

比如，针对现在热议的理财，是直接推荐大家股票代码或者基金代码吗？显然这不合规，也没有人能够保证预测100%准确。还是侃侃而谈，建议大家直接买指数基金，不但不用担责任还能基本正确？

事实上，很难有一个放之四海而皆准的答案，不过有一点可以确定，那就是把那些经过很多专业人士实践并且认可的方法，通过通俗易懂的方式介绍给大众，是最简单高效的方式。所以我在写这本基金投资书的时候，继续沿用"手把手"这个理念，就是希望把这些技巧拆解开，分步骤地帮助那些没有金融背景的朋友找到适合自己的工具，进而打开通往财富的大门。

为此，这本书主要分为7个章节来向大家介绍如何认识基金、筛选基金、构建基金组合等。

第一章，介绍了对于钱我们应该有的几种认知，尤其是拉长时间周期来看，我们的一生什么时候要用钱，用多少钱，以及我们对挣钱和赚钱的理解是如何影响我们的决策的。

第二章，介绍了基金投资前需要做好的心理建设和基础知识建设。比如，我们的投资到底是怎么赚钱的，如何能够赚到这些钱。只有把这些问题想明白，我们才能在市场暴涨暴跌的时候不会产生较大的情绪波动。这一章还介绍了基金的基本概念，帮助没有基金投资基础的读者来理解什么是基金以及基金的基本分类。当然基金不是万能的，我们不能神化基金，基金投资有优势也有劣势，所以选基金之前除了了解基本概念，还需要了解一些选择基金的基本技巧和方法，我筛选出 10 个比较常用的指标。另外，通过案例来把这一章讲到的技巧全部串联起来，通过实际分析一只基金来帮助大家熟练应用技巧，也正好呼应书名"手把手教你选出赚钱好基金"。

第三章，介绍了市场上颇受关注的主题基金，包括消费类、医药类、新能源、金融地产等相关基金。有一定投资经验的读者应该知道指数基金很适合大多数人投资，但如果想获得更高收益，垂直领域的主题基金就更适合大家。我把这几个大的垂直领域进行详细介绍，不但介绍这个类别的主要内容，还从对应的指数基金和主题基金入手，帮助大家分析基金的优势和劣势。其中涉及的方法在几个主题基金的介绍中不断地重复，就是希望大家能够记住，等自己筛选的时候可以直接拿来用。甚至可以说，如果想了解垂直领域的基金，这一章可以成为工具。翻到对应的部分，就可以看到目前市场上主要布局该领域的基金了。

第四章，前面说了基金和垂直领域基金，实际上基金也是由基金公司推出的产品，因此对基金公司我们也必须有非常全面的了解，至少要知道不同基金公司擅长什么领域。同时，对于如何止盈我提出了 3 个关键步骤，尤其是对于已经有一定盈利但是不知道如何落袋为安的读者，看完"止盈三部曲"，相信你就会明白如何操作。在本章最后，我还介绍了如何计算投资收益，毕竟我们买基金是为了赚钱，赚多少钱这么重要的事情当然要算清楚。具体的公式和方法，大家可以在文中找到。

第五章，聚焦的是基金经理，就是每只基金的灵魂人物，毕竟是他们操持我们的资金，我们一定要对他们有所了解。我会从基金经理的风格以及机构青睐哪些基金经理入手，帮助大家分析选择基金经理的方法。当然，对于明星基金经理，我也会分析他们的投资逻辑，客观地对他们进行评价。

第六章，重点介绍如何构建基金组合。如果基金是一把手枪的话，那么基金组合就是一个武器库，有适合不同环境的装备。把它们的优势充分发挥出来，就能够达到"1+1>2"的效果。在这一章我会介绍几个典型的基金配置方法，大家可以根据这些方法排列组合，形成一个适合自己的配置理念。当然，也可以根据我列举的组合类别进行配置。另外，在这一章介绍了智能投顾，这是目前比较流行的一种方式，由专业人士来给我们制定投资组合，比较省时省力，但是需要在购买基金的基础上再支出一笔费用。

第七章，对读者经常问的问题，我进行了归纳总结，梳理出来11个比较典型的问题来进行回答，希望在一问一答中给出我对基金投资的理解，帮助大家厘清投资的思路，开开心心地投资基金赚钱。

以上就是这本书的全部内容，基金投资是为了赚钱提高我们的生活品质，并不是为了平添烦恼。希望大家在投资的过程中能够享受投资的乐趣，不要本末倒置，在收益和亏损中纠结。

好了，快翻开这本书，开启你的基金投资之旅吧！

目录

第一章 有些现实需要提早认清

从"挣钱"向"赚钱"迈进 /003

钱是人胆 /005

少年,你要开始考虑养老问题了 /013

看穿未来的"草帽曲线"与"鸭舌帽曲线" /024

第二章 基金投资基础

买基金前,你要问自己的 3 个问题 /034

基金有哪些分类 /041

基金投资的优势和风险 /045

选基金前你要明白的 10 个问题 /049

基金定投真的适合所有人吗 /063

我们来一起分析一只基金 /076

要拿出多少钱来投资理财 /082

第三章 那些值得关注的垂直领域基金

博取高收益的主题基金 /091

哪些行业的基金收益更好 /093

消费类垂直领域基金 /096

TMT 类垂直领域基金 /107

医药类垂直领域基金 /117

新能源汽车类垂直领域基金 /123

金融地产类垂直领域基金 /131

有色金属类垂直领域基金 /142

第四章 如何选择主动型基金

哪家基金公司是你的真爱 /149

冠军基金，值得买吗 /151

对标指数的主动型基金，值得买吗 /155

那些追求绝对收益的基金 /161

止盈三部曲 /166

基金收益如何计算 /172

第五章 如何选择基金经理

看懂基金经理的 4 种投资风格 /185

机构青睐哪些基金经理 /189

明星基金经理的投资逻辑 /192

如何了解基金经理的投资理念 /194

第六章 如何构建基金组合

当下的市场有什么特点 /205
怎么理解"不要把鸡蛋放在一个篮子里" /207
典型的资产配置模型 /209
资产配置才是基金投资的关键 /216
知名投资者和专业机构是如何配置资产的 /221
智能投顾 /229

第七章 关于基金投资，你关心的 11 个问题

问题 1：你值多少钱 /243
问题 2：买基金前你对这几个问题有答案了吗 /244
问题 3：为什么亏得少就是挣钱 /245
问题 4：成长型与价值型股票有何区别 /247
问题 5：持有基金多久能够获得正收益 /247
问题 6：收益率达到多少，最让人放心 /248
问题 7：为什么我的基金不如别人家的好 /251
问题 8：基金定投，按什么频次收益最好 /252
问题 9：明年市场会大涨吗 /254
问题 10：基金为何很难长期持有呢 /256
问题 11：开源到底开的什么源 /257

后记 /259

第一章

有些现实
需要提早认清

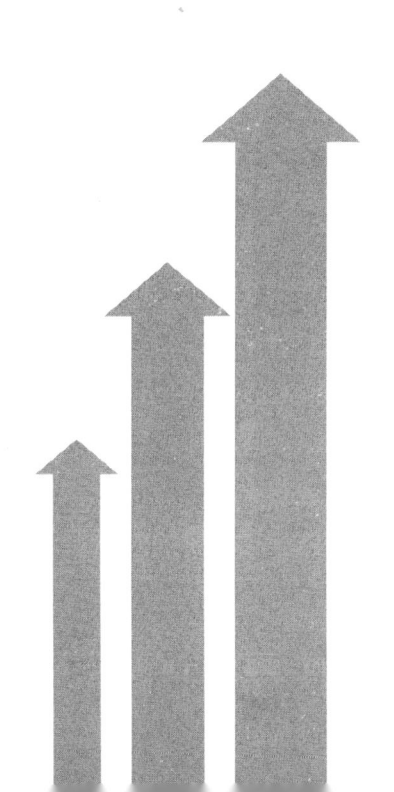

从"挣钱"向"赚钱"迈进

挣钱与赚钱的"说文解字"

我们经常说起要努力挣钱或者抓紧时间赚钱。但是,很少有人仔细想过,挣钱和赚钱到底有什么区别呢?人这一辈子应该在什么时候挣钱,在什么时候赚钱呢?

我们把这两个字拆开来看:

挣钱的"挣",是由"手"和"争"两个字组成的。"手"就是说需要用双手、用力气、用汗水换取;"争"有竞争、力求获得的意思。所以挣钱,就是竞争而来,靠的是自己的力气和能力,在与别人的竞争中脱颖而出,获得收益。但是挣钱也面临着"手停口停"的情况。一旦没有工作,就没有收入,甚至面临生存危机。

赚钱的"赚",是由"贝"和"兼"两个字组成的。大家都知道,贝壳是古代的货币,也有本钱和投资的意思;"兼"可以理解为兼而有之,考虑合作方的利益,有合作共赢的意思。所以赚钱,就是用钱生钱,通过团队的力量来整合身边的资源,让财富形成闭环生生不息。

挣钱与赚钱的"时间组合"

很多人会有一个认知误区,觉得年轻的时候靠工作挣钱能够让自己过得不错,35 岁以后也可以同样潇洒,享受快乐人生。

但是,时间是黑洞,年轻的时候其实开销并不大,真正需要花钱的时期是中年和老年。上有老下有小的中年人,与没有后顾之忧的年轻人竞争时,平添了许多顾虑,在分配财富资本方面也有许多不得已。

挣钱有拿时间换金钱的意思,挣来的钱半衰期比较短。因此,想要在中年甚至退休之后心里不慌,不用再事必躬亲地挣钱,就需要尽早建立赚钱的思维,也就是让钱替你生钱,即"躺着赚钱"。

30 岁之前,尤其是从校门到走向社会的最初几年,大多数人是从挣钱开始的,也就是说用脑力和体力(劳动力)来换钱。

30~40 岁,就需要拿出一部分用劳动力挣来的钱作为赚钱的资本,学会"挣钱+赚钱"。

40~50 岁,可以在具备赚钱的基本能力之上,利用人生经验和社会人脉等提升赚钱的能力,实现从容赚钱。

50~60 岁,这个阶段如果再用劳动力挣钱,就会比较艰难。所以,在这个阶段要充分达到用钱滚雪球赚钱的境界。

正在读这本书的你,也可以反观自己现在处于哪个阶段,在挣钱和赚钱方面又做得如何呢?

赚钱的 3 种思维模式

挣钱是赚钱的基础。那么,赚钱有什么需要注意的呢?有 3 种赚钱思维需要牢记。

第一种是工资思维,通过劳动力换取固定收入是大多数人积累财富的必经之路。

第二种是理财思维，用钱生钱来获取复利的财富积累。这也是大多数工薪阶层在通货膨胀等大环境下守护自己财富的主要路径。

第三种是平衡思维，我们只能赚到自己认知范围以内的钱，我们对标的应该是与自己同圈层中最高的，而不是与自己不在一个圈层的永远够不着的人物。可以把股神巴菲特作为自己的偶像，但是不能作为自己追求的目标。如果我们对自己的价值认识不清晰，就无法找到适合自己的财富之路。

有很多人在有一定积蓄之后，就抱着钱睡大觉；还有很多人想用积蓄在保本的前提下做一些投资，获取少许收益。这看起来似乎都无可厚非，也没有太大风险。但实际上，这样做连居民消费价格指数（Consumer Price Index，简写为CPI）都跑不赢。如果我们脑海中没有用钱投资的概念，那么财富曲线往往会和我们所期盼的理想状态有所差别。所以，我们必须真正懂得投资的基本知识和方法。而我们所说的投资不仅限于理财，同时也包括脑力、专业、经验以及人脉资源的投资。

钱是人胆

新冠肺炎疫情不仅影响了人们的生活，也改变了人们的思维方式。许多人曾经有想不通的事情，经过疫情的磨炼，心结解开了，甚至顿悟了世间的许多道理。比如，我们的愿望从之前的"变美变瘦变漂亮"，变成了"身体健康"；从"一夜暴富"变成了"我要努力攒钱"……

攒钱其实攒的不是钱，而是生活的底气。钱是人胆。

仔细想一想，经济基础有时确实会影响我们的生活决策，会给我们提供在社会上打拼的勇气。我们想要征服星辰大海，至少身后要有财力支持我们的义无反顾。巴菲特的黄金搭档查理·芒格说："走到人生的某一个阶段时,我决心成为一个富有之人。这并不是因为爱钱,而是为了追求那种独立自主的感觉。我喜欢能够自由说出自己的想法,而不受他人意志的左右。"

从某种意义来说,钱能够帮我们解决生活中的很多问题,让每一位打工人在这个社会更有安全感。

毕竟,缺钱会少一丝底气,多一丝烦恼。一分钱难倒英雄汉。缺钱,很多小事会变成大事,让我们每天花大量的时间和精力去处理这些烦恼。

钱是人胆,并不代表有勇无谋。攒钱也是需要各种技巧和能力的,我们来看一看以下几个方面,你做到了哪些。

第一桶金,很重要

存钱重要吗?

这个不用多说,肯定重要。正所谓"巧妇难为无米之炊",再完美的理财计划和投资技巧,如果没有本金来加持,都是竹篮打水一场空。

对于一个有 1 000 万元资产的人来讲,即使选择年化收益率只有 1% 的理财产品,一年下来也会有 10 万元的利息收入。

对于一个有 10 万元资产的人来讲,即使选择年化收益率是 50% 的理财产品,一年的投资收益也仅仅是 5 万元,这还不算年化收益率为 50% 的理财产品,我们所要承担的巨大投资风险。

所以,第一桶金,或者说本金是非常重要的,之后的财富都是在这个基础上不断翻滚起来的。

因此,存钱一点都不落伍。毕竟,有时候,表面光鲜的生活难掩遇事缺钱的窘迫。

我们不介绍具体的存钱方法,但是要阐述"储蓄率"的概念。

储蓄率就是每个月你要存的钱占整体收入的比例。举个例子,假如你一个月挣 10 000 元,每个月存 3 000 元,那么你的储蓄率就是

3 000/10 000 = 30%。

过了几个月，由于你在工作上表现非常优秀，老板把你每个月的工资涨到了 15 000 元，如果还是按照过去每个月存 3 000 元的话，那么现在的储蓄率就是 3 000/15 000 = 20%，这比之前的储蓄率下降了 10 个百分点，即使你的工资在增加。

但是，如果你把上涨的 5 000 元中的一半用来增加储蓄额，那么储蓄率就变成（3 000 + 2 500）/15 000 = 36.7%。

两种不同的存钱方法的最终储蓄率相差不大，却促使你把存钱的金额增加了近 1 倍，如果再考虑存钱之后进行的投资收益，那么两者的差距可能达到数倍以上。

影响本金多少的关键因素有两个：一个是收入的高低，另一个是储蓄率的高低。

下次涨工资时，记得把一半的钱存起来，另一半再用来随时买买买。毕竟少花一些新增加的收入不会影响我们当下的生活品质，而存一半花一半反倒实现了增加储蓄和改善生活两个目标之间的平衡。

对于大多数年轻人来讲，快速且低风险地积累财富的第一步显然是储蓄。

存钱一点都不 low。存钱吧，少年！

算清账，很重要

我并不建议大家每天花很多时间记账。把每一笔花销详细地记录下来，其实很费精力和时间，但这对于理财的作用并不明显。

当然，不建议天天记账并不是说让我们都当甩手掌柜，对个人家庭资产不管不问。我们需要用全局眼光看待财富管理，对于家庭资产的细节和具体做法可以不必太在意，但是你需要对自己的资产的整体状况有一个宏观的整体把握。

- 流动资产——现金、银行存款、余额宝、购物卡。
- 金融资产——股票、基金、国债。
- 固定资产——房子、商铺。

记录这些资产在一年时间里的变化，看一看在这一年中自己一共花了多少钱，一共投资了多少钱，一共赚了多少钱。

如果你觉得以上问题还是比较宽泛，或者说，作为一个刚刚工作的年轻人还很难回答这些问题，那么美国理财大师劳拉·兰格梅尔（Loral Langemeier）提出的财务状况诊断法，可能更适合大多数人。

- 你现在每个月的收入是多少？
- 你现在每个月的支出是多少？
- 你现在有多少资产？
- 你现在有多少负债？
- 其他还有什么？
- 你想要什么？
- 你有哪些可以立即变现的技能？

了解自己的状况之后，我们才能进行下一步，比如制定理财量化目标、控制不必要的消费、挖掘沉睡的资产、找到变现的技能等。

在此基础上，我们才可以制订新的计划。政府每5年都要制定国家的发展规划，2021年是我国"十四五"规划的开局之年，我们每个人、每个小家庭也需要制订自己的理财计划。

多买资产，很重要

全球畅销书《富爸爸穷爸爸》里有一个深入人心的观点：我们要

学会如何区分什么是资产，什么是负债。

- 资产，就是能把钱放进你口袋里的东西。
- 负债，就是把钱从你口袋里取走的东西。

把有限的资金和精力，尽量投资到资产当中，让资产的"雪球"越滚越大才是我们的目的，毕竟资产可以实现"钱生钱"的目标。不同的人生阶段，我们积累的资产也是不一样的。

对于刚工作的年轻人

工资收入是年轻人的主要经济来源，而且每个月都要应付租房、聚会、交通、通信等诸多方面产生的费用，虽然支出不是很多，但也基本剩不下多少。

年轻人资产与现金流向如图1-1所示，这样的资产结构风险比较大，一旦失去工作，生存就会变成大问题。

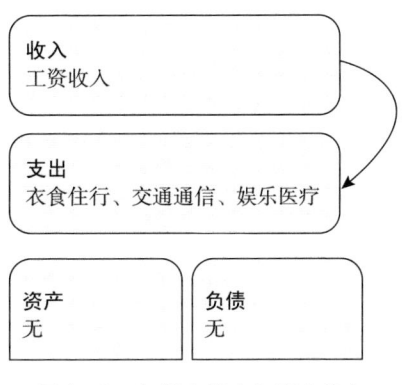

图1-1 年轻人资产与现金流向

从图1-1中我们可以看到，年轻人收入大部分用来支付各种账单，资产和负债基本为零。

对于中产家庭

中产家庭的工资收入虽然是收入的主要来源,但同时理财收入等也开始不断增加,比如开始投资基金、股票,买入理财产品等。组建家庭之后,需要买入房产和汽车,当然高额的房价让我们大多数人需要贷款。虽然收入有所增加,但是支出也在增加,大部分收入用于日常生活和偿还负债。

想想看,除了代步,汽车在其他场景下是资产还是负债呢?如果汽车是你谋生的手段,那么它作为资产的属性自不必多说。如果汽车只是用来彰显身份和地位,我们就需要算一算养车和打车的成本孰高孰低了。

从图1-2中产家庭资产与现金流向中,我们可以发现,中产家庭上有老、下有小,房贷、车贷等着还。虽然已经开始理财,但是工资收入依然是主要收入。资产结构较年轻人稳固不少,但是风险依旧很大,毕竟收入大部分都花掉了,很难有机会存钱。

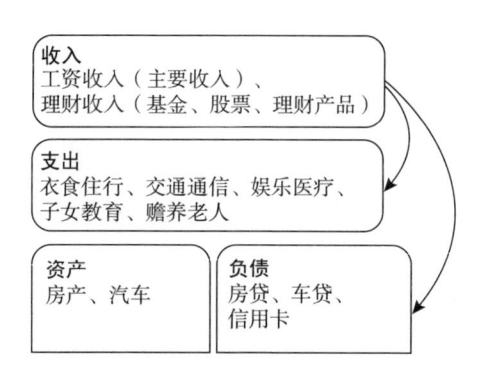

```
收入
工资收入(主要收入)、
理财收入(基金、股票、理财产品)

支出
衣食住行、交通通信、娱乐医疗、
子女教育、赡养老人

资产                负债
房产、汽车          房贷、车贷、
                    信用卡
```

图1-2 中产家庭资产与现金流向

对于高净值人士

高净值人士,或者说那些实现财富自由的人,他们的资产结构更

加健康。资产不断地"生钱",流入资产、负债和支出当中。在这样的现金流下,资产越来越多,负债越来越少,收入越来越丰厚。

从图1-3高净值人士资产与现金流向中,我们会发现,高净值人士的资产、收入、负债形成联动:首先,收入用来购买资产,推动资产的快速积累;其次,收入用来支付日常开销和偿还负债;同时,资产会不断产生被动收入。

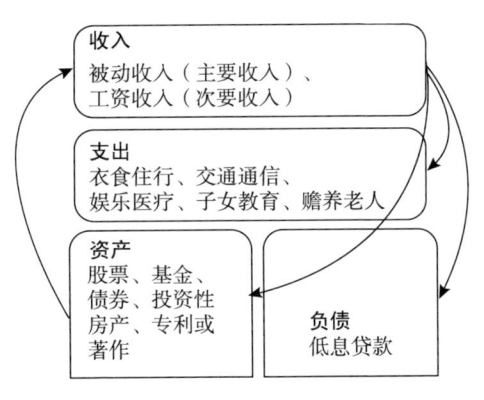

图1-3 高净值人士资产与现金流向

在这种情况下,我们就有机会实现财富自由,即使不工作,我们的资产或者被动收入依旧持续地向我们的财富蓄水池中供水。

翻滚起来,很重要

如果一项投资,年化收益率是7%,需要多久才能让资产翻倍?年化收益率是12%的时候,又需要多少年能让资产翻倍呢?

用72法则可以很快计算出来:

翻倍的年限=72/年化收益率

比如年化收益率为7%,那么资产翻倍需要72/7 = 10.3年;如果年化收益率为 12%，那么资产翻倍需要 72/12 = 6 年。

72 法则除了用来计算资产翻倍时间，反过来也可以计算通货膨胀对资产的侵蚀速度。计算后你会发现，这种侵蚀速度是令人触目惊心的。

如果通货膨胀率是 6%，那么我们的资产经过多少年购买力就会变为一半？很简单，还是用 72 法则，72/6 = 12 年。

也就是说，在通货膨胀率为 6% 的情况下，当前财富的购买力会在 12 年后降为一半。

因此，让资产翻滚起来，一方面要战胜通货膨胀，另一方面要加快资产的保值增值。跑赢 CPI 只能说达标，要想提高生活质量我们还需要加快步伐。让翻倍的速度比你想象的更高、更快、更强。

你的时间，很重要

一个月挣 5 万元，"香"吗？

其实这个问题很难直接回答，毕竟"香不香"要看怎么算。

如果一天工作 12 小时，那么月薪 5 万元，就等于每小时收入 50 000/（22[①] × 12） = 189.4 元。

如果每天悠闲地工作 5 个小时，月薪 2 万元的话，那么每小时的收入就是 181.8 元。

两种工作方式虽然月工资相差甚远，但是按照时薪来计算，基本上没有多大差别。每小时的收入，才能代表我们赚钱的效率：

时薪 = 月工作收入/月工作时间

所以，要么努力提高工作收入，要么减少这份工作花费的时间。

---

① 22 表示一个月的工作日为 22 天。

财富自由从来不是想买什么就买什么。实际上,我理解的财富自由是时间自由。尤其是单位时间的收入,单位时间收入越高说明你的效率越高,自然有更多可以支配的时间,还可以做其他感兴趣的事情。

钱虽然不是生命中最重要的,但是当我们缺钱的时候,它就如同链条一样捆绑住我们那颗向往自由的心。只有当我们成为这个链条的掌控者,才能做自己想做的事情。

少年,你要开始考虑养老问题了

我们已身处老龄化社会

在一、二线城市,有很多朝气蓬勃的年轻人。但实际上,老龄化或者养老问题,已经在我们的社会中滋生,并且严重程度不断增加。国际上有一个衡量社会老龄化的通用指标,根据65岁及以上人口的占比来界定社会老龄化程度。

- 65岁及以上人口占比达到7%,是老龄化社会。
- 65岁及以上人口占比达到14%,是老龄社会。
- 65岁及以上人口占比达到21%,是超老龄社会。

按照这个指标,中国在2000年65岁及以上人口占比就达到7%,进入老龄化社会;2019年中国65岁及以上人口占比达到12.6%,未富先老问题比较突出。美国、日本、韩国该比例达到12.6%的时候,人均国内生产总值(GDP)都在2.4万美元以上,而我国当时人均GDP仅为1万美元。

从趋势上看,我国老龄化速度和规模也是前所未有的。据相关研究预测，2022年该比例将超过14%，正式进入深度老龄社会。再过20年将进入超老龄社会。更让人焦虑的是，老年人数量在增加的同时，青少年数量并没有增加，反而在大规模减少。据统计，中国90后比80后的人口数量少了23.24%，00后比80后少了35.96%。

看来养儿防老的期望越来越难以实现。当然，比难以实现养儿防老更让人担忧的是——人活着，钱没了。这不是杞人忧天，实在是当代人会面临的非常悲惨的一件事。

腾讯联合清华大学发布的2020年《国人养老准备报告》显示，有接近六成的受访者担心退休后会出现"无力支付医疗费用"的状况（见图1-4）；而在养老生活品质方面，"完善的医疗服务"也是大多数人更加看重的领域，占比达到了74.60%（见图1-5）。

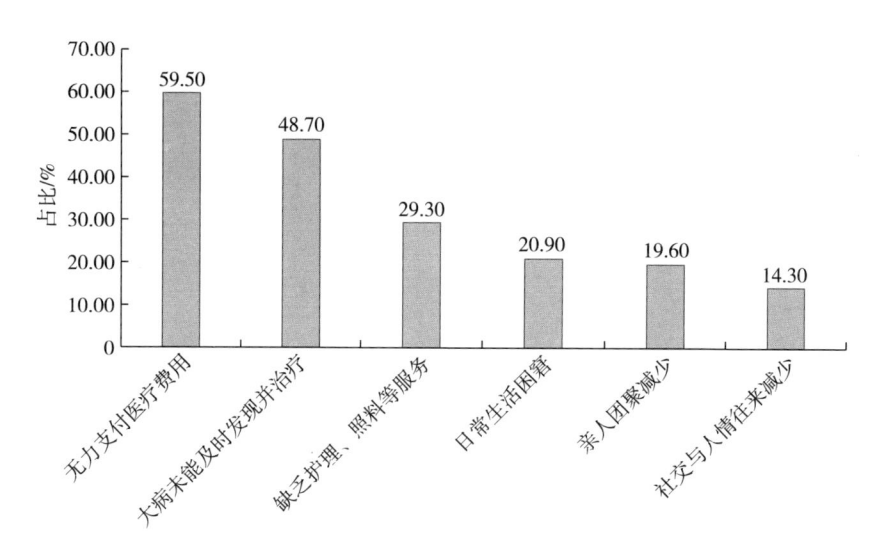

图1-4 受访者对养老生活的主要担忧

资料来源：腾讯理财通，清华大学，腾讯金融科技智库，等.国人养老准备报告. 2020-10-25.

你觉得养老问题是50多岁快退休人群考虑的重点问题吗？那你把这件事情想得太简单了。

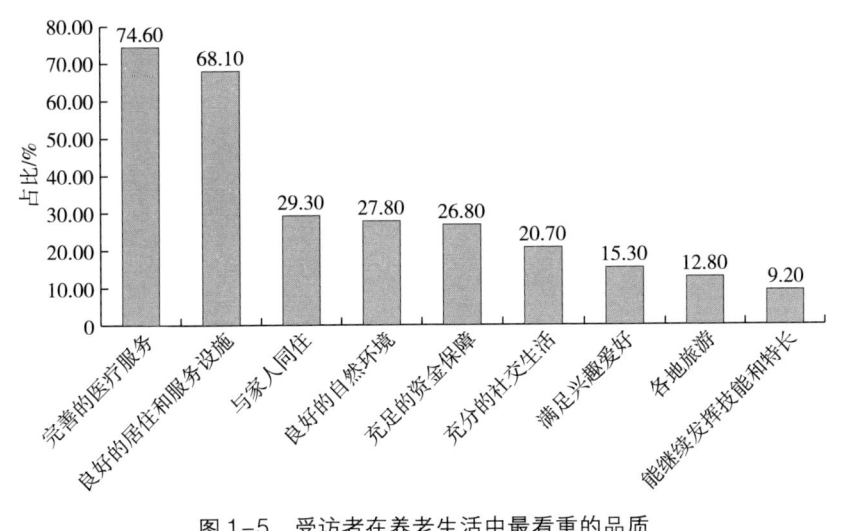

图1-5 受访者在养老生活中最看重的品质

资料来源：腾讯理财通，清华大学，腾讯金融科技智库，等.国人养老准备报告. 2020-10-25.

报告显示，有超过70%的90后已经开始考虑和规划养老问题了（见图1-6），同时80后和70后相应的比例更高，分别达到了80%和85%。保温杯里泡枸杞，也是90后在做的事情。

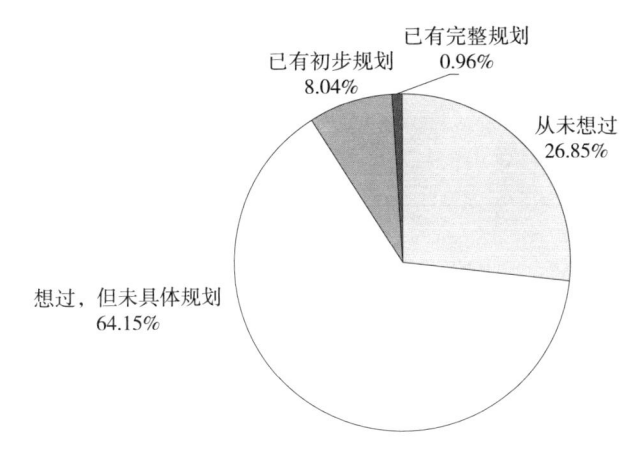

图1-6 90后是否考虑养老

资料来源：腾讯理财通，清华大学，腾讯金融科技智库，等.国人养老准备报告. 2020-10-25.

第一章 有些现实需要提早认清 / 015

"养老自由"需要多少钱

前文提及的社会老龄化的严酷现实,并不是为了制造焦虑,而是希望大家能够客观地认识到,历史规律和社会状况已经不允许我们只顾眼前。及早考虑养老,为养老做好准备,甚至是做好充足的准备,已经迫在眉睫。每个人都要面临养老问题。

我们经常听年轻人调侃,要实现"车厘子自由",那么针对退休后的生活,需要多少钱才能实现"养老自由"呢?

2019年《中国内地退休入息策略及预期统计调查》报告显示,52.4%的人认为需要30万~100万元的资产规模才能实现养老自由。这其中有29.5%的人认为,养老自由需要30万~50万元;22.9%的人则认为需要50万~100万元。另外,51.7%的人认为养老自由需要50万元及以上(见图1-7)。

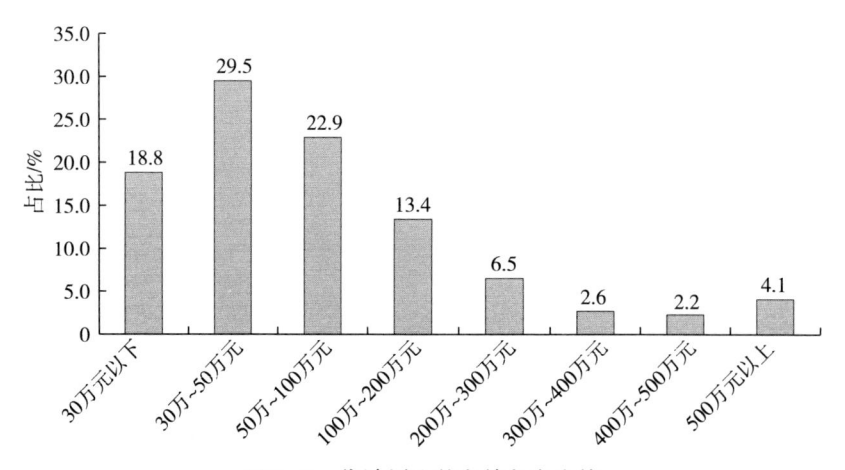

图1-7 你计划为养老储备多少钱

资料来源:富兰克林邓普顿投资公司. 中国内地退休入息策略及预期统计调查. 2019-9-17.

这份调查报告并没有区分哪个城市。其实,如果你是在一线城市,并且把"养老自由"定义为可以按照自己期望的方式进入老年生活的话，那么别说100万元，就是400万元的资金储备似乎也不是很高。但是对大多数国人来说，储备100万元及以上的养老金算是基本"共识"。

当然，如果绝对数值过于简单粗暴，2020年《国人养老准备报告》给出的调查数据更具针对性。报告指出，因面临着较大的养老压力，超八成的受访者认为，退休前的所有储蓄为目前年收入的10倍，才可以享受舒适的养老生活；而九成受访者希望退休后收入不低于原来的一半或全部，即希望退休收入替代率平均能达到75%。

所以，你需要多少养老金才能安享晚年呢？

人们在养老方面对资金的担忧并不是什么新鲜事儿。也许有的人还想完全依靠退休后的养老金来过上富裕的生活，不过现实已经不允许我们抱有这样的幻想了。

目前，养老金的运作模式主要还是以资金转移模式为主。什么意思呢？简单来说，年轻人缴养老保险给退休老人用，等到这批年轻人老了之后再有新的年轻人来缴纳保险。不过现阶段问题在于，人们的平均寿命在增长，新生儿却在不断减少，老龄化不断加深，当前这种资金转移型养老金模式难以为继。

因此，我们也会在最近几年看到社保基金等开始进入资本市场的新闻。这是政府希望能够借助市场的力量来为养老资金池提供长期稳定的正向现金流，而机构投资者的增加也能够增强市场的有效性。

也许随着社会的发展，养老保险的作用可能会越来越小，而个人投资理财对退休生活质量的影响越来越大。所以，少年，即使你还年轻，现在也需要考虑养老问题了。

养老到底要靠谁

养儿防老也好，枸杞养生也罢，我们都面临一个最沉重也是最现实的问题，那就是养老金缺口。

无论我们是出于对工作压力的调侃，还是对退休后高质量生活品质的向往，最好的解决方法就是行动，正确行动，尽快正确行动。

养老准备，无论是身心健康还是财富资产上的准备，实际上都需要长期的积累。我之前说过多次，我们做的很多事情，最好是"半衰期"比较长的事情。

所谓"半衰期"比较长，就是说这件事情带来的效果和影响会持续很久。这种事情一般都是重要但不紧急的。比如，终身学习、运动和投资理财。这些事情短期看，给我们带来的变化不大，但是5年之后会使人与人之间的差距逐渐拉开，10年以后会使人生各有不同。

养老金的准备时间可以达到30~40年之久，也就是说我们有30~40年的时间去坚持投资理财，如此长的时间会给我们带来巨大的回报。那么这个回报真的很大吗？我们先来看一看大家比较了解的复利，复利公式为：

$$财富 = 本金 \times (1 + 利率)^{时间}$$

可以说，财富的增长与我们投入的本金、投资收益率、持有的时间这三者密切相关。但是在这3个因素中，哪个因素最重要呢？

我们先来做一个比较基准，假设你手里有10 000元本金，投资了一款年化收益率是10%的理财产品，投资时间是30年。那么哪个因素对最终的总收益影响最大呢？详见图1-8。

我们分以下3种情况对这3个因素逐一进行分析。

- 情况一：本金减半（投入本金从10 000元变为5 000元），年化收益率、投资时间都不变。

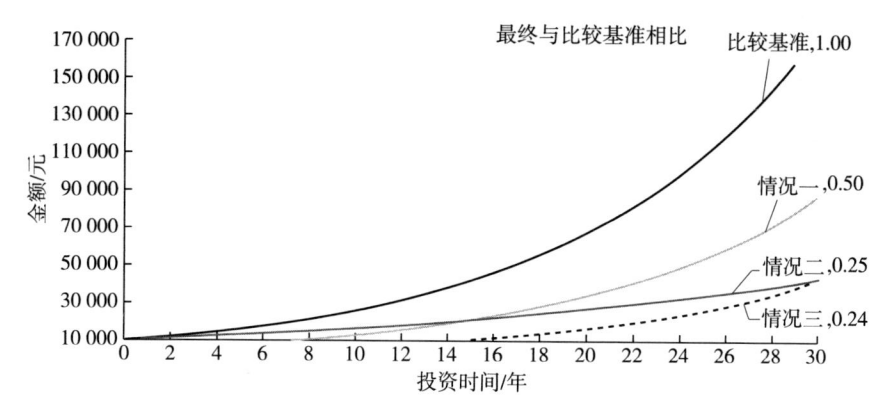

图 1-8 影响复利的 3 个因素

- 情况二：年化收益率减半（年化收益率从 10% 变为 5%），投入本金、投资时间都不变。
- 情况三：投资时间减半（投资时间从 30 年变为 15 年），投入本金、年化收益率都不变。

那么以上这 3 种情况和基准情况在总的财富积累上，差别有多大？

情况一相对简单，本金减少一半，那么最终财富总额对应比较基准也是减半，也就是说在这种情况下最终财富总额缩水了一半。

情况二，年化收益率减半，对应的最终财富总额是比较基准的 25%。也就是说年化收益率减半，总财富将缩水 3/4，只剩下 1/4。

情况三，投资时间减少一半，对应的最终财富总额是比较基准的 24%，总财富缩水要超过 3/4，剩下的连 1/4 都不到。

也就是说，在这 3 个因素里，对财富影响的重要程度依次为：投资时间、年化收益率和本金。时间对于财富的影响是巨大的，而且我们熟知的股神巴菲特，投资生涯持续了 60 多年，在这 60 多年的投资生涯中绝大部分财富是在他 60 岁以后才拥有的。

所以，和养老要趁早一样，理财也要趁早。那么每个月你需要投

第一章 有些现实需要提早认清 / 019

入多少钱，才能够安享晚年呢？

假设正在看书的你是 30 岁，计划 65 岁退休，预计寿命是 85 岁。现在每月生活支出是 5 000 元，即 6 万元/年。我们来看一看要维持现在同样的生活水平，到时候需要的存款总额是多少。

- 不考虑通货膨胀，退休的时候需要存够 120 万元。
- 考虑 3% 的通货膨胀率，退休的时候需要存够 403 万元。
- 考虑 5% 的通货膨胀率，退休的时候需要存够 718 万元。

可以预见，如果不提前布局，仅靠退休金实在是难以体面地养老。这也是为什么在前面的调查问卷里，大部分人担心的是养老费用问题。

那么，我们来看一看，如何通过提早理财的方式，解决养老的问题。假如 30 岁的你，从现在开始进行投资，每个月定投买入指数基金，以年化收益率 8% 来计算，每个月你要投资多少来保证舒适的养老生活呢？

从表 1-1 中可以看到，如果不考虑通货膨胀，那么存够 120 万元养老的话，从现在起每个月定投 520 元就好了。不过现实很难如此完美，毕竟通货膨胀这只"老虎"一直在虎视眈眈地盯着我们手里的财富。如果通货膨胀率是 3%，那么每个月需要定投的金额就是 1 745 元；通货膨胀率是 5% 的时候，每个月需要投资 3 110 元。每月 3 110 元虽然不算少，但对于大部分人来讲努努力还是可以实现的。更何况，大家也不见得到 30 岁才开始投资，可以提前一点时间启动。无论是 30 岁还是 20 岁，只要现在就开始行动，都会比退休的时候一次性拿出 700 多万元的养老金要容易很多。

表 1-1　养老金定投金额测算表

	退休时要存够的金额	从现在起每月定投的金额
不考虑通货膨胀	120 万元	520 元
考虑 3% 的通货膨胀率	403 万元	1 745 元
考虑 5% 的通货膨胀率	718 万元	3 110 元

所以，养儿防老、枸杞养生，都不如养"基"防老，它更靠谱、更科学。当然，以上测算情况还是比较理想化，还有很多问题需要注意。

越早越好，长期投资

前文的测算数据证明了一点，投资理财没有最早，只有更早。

早点开启养老规划，受益的最终还是我们自己。同时，启动得越早，我们每个月投入的资金就越少，也减轻了自己的压力。

同时，长期投资也很重要，只有让时间成为我们的朋友，我们才能充分利用优秀企业的成长和优秀基金经理的管理，来给我们带来较好的长期回报。

控制风险，优选产品

事实上，8% 的年化收益率在当下这个时点不算低，随着我们年龄的增长，保证资产的稳定性更加重要。因此，我们要时刻注意投资风险，养老这一性质决定了我们必须把风险控制放在首位。因此，优秀的产品和产品经理成为我们的好帮手。本书后面的章节，我会详细介绍一些好基金的筛选方法，帮助大家选出心仪的理财产品。

养"基"防老，才能科学防老。

开始行动吧，少年！

房产与基金，谁被按在地上摩擦

投资理财，是一件考验人性的事情，很多时候甚至是反人性的。

比如你对目前收益比较乐观，甚至躺在被窝里看着自己的浮盈偷着乐的时候，市场往往已经上涨一段时间了。比如你看着自己的基金一片"绿油油"，唉声叹气准备割肉的时候，市场往往已经下跌一段时间，甚至已经进入反转的初期阶段了。

当面对市场多变的情况时，你该怎么办呢？毕竟下跌保持冷静，上涨拒绝诱惑太难了。大多数人以为看到了趋势，就开始进行买卖操作。殊不知，一顿操作猛如虎，全年只挣两毛五。虽然这是句玩笑，但是我会非常严谨地给你证明一下。

我们在进行频繁交易的时候，其实有两个比较大的风险。

频繁交易会让我们付出很多交易成本

很多基金也会对短期的频繁交易通过较高的赎回费用进行限制。比如持有某只基金不到一周就赎回，那么赎回费率在0.5%~1%，有的基金甚至能够达到1.5%。

从表1-2中可以看到，短期赎回基金的成本是非常高的。其实基金公司也不希望投资者频繁交易，而是鼓励投资者长期持有，这一点从基金持有时间与赎回费率成反比的设定就可以看出来。

表1-2 赎回费率对比

适用金额	适用期限	赎回费率
—	小于等于6天	1.50%
—	大于等于7天，小于等于364天	0.50%
—	大于等于365天，小于等于729天	0.25%
—	大于730天	0.00%

频繁交易次数越多，获利的概率越小，甚至趋近于零

我们拆开了看，每交易一次，其实是分为两个步骤：第一步是买入，第二步是卖出。

无论是买入还是卖出，都是彼此独立的决策。从概率的角度看，我们没法保证每一步都是百分之百正确。

假如我们的判断能力很强，平均下来每次判断准确的概率是80%，那么进行一次买入和卖出之后，我们成功的概率是多少呢？

成功的概率＝80%×80%＝64%。也就是说，针对一只基金，我们买对的概率是80%，卖对的概率是80%，那么整个交易成功的概率仅为64%，比抛硬币来决定只准那么一点。

而随着交易次数的增多，成功的概率只会不断降低，甚至会趋近于零。因为只要每次交易成功的概率不是100%，那么随着交易次数的增加，全部交易的整体正确率就会随着次数的增多而不断下降。

当然，频繁交易除了人性使然，还是由理财产品本身的一些特性导致的。毕竟，同样是投资，买房子的很少出现频繁买卖。要知道，从年化收益率的角度来看，过去10多年，买房子和买优秀的偏股型基金的收益率不分上下，但是为何流动性更好的偏股型基金在收益方面却一直被按在地上摩擦呢？

对比房产投资和基金投资，我们会发现，两者长期来看收益差不多，都是长期向上的。但是，房子本身既具有金融属性，又具有居住功能。同时，买卖一套房子，短则三四个月，长则一年半载。对比下来，房产的流动性非常差，而且价格敏感度也不高，比较适合长期持有。

也就是说，房产的两个缺点"流动性差"和"价格敏感度低"，从某种意义上讲，反而是在帮助投资者正确理财，也就是我们经常说的那句话，能"拿得住"。

但是基金就不一样了。一方面，投资者对基金的价格波动非常敏感，甚至会影响情绪；另一方面，基金上涨不是线性的，短期波动比较大。再加上基金买卖方便，类似随存随取，很容易使投资者产生交易的冲动。

不过，投资者最终能否获得较好的收益，取决于能否长期持有一个整体向上的资产组合。降低交易频次，长期持有整体向上的资产组合，只有做到了这两点才能实现长期可观的收益。

看穿未来的"草帽曲线"与"鸭舌帽曲线"

挣钱只是一阵子

从出生到死亡，我们工作几十年挣的钱足够一生的开销吗？

大部分人的工作起点是25岁左右，考虑到延迟退休的趋势，预计我们这一代人退休的年龄在65岁左右。也就是说，从我们大学毕业参加工作开始，大部分人一生工作的年限大概是40年。

国家卫生健康委员会发布的《2019年我国卫生健康事业发展统计公报》显示，2019年我国居民人均寿命达到77.3岁。而在1949年，我国人均寿命仅为35岁。70年的时间，我国人均寿命增长了1倍。可以预见，未来人们的寿命会越来越长。

因此，我们需要用40年的职业生涯来承载整个人生的所有开支，如买房买车、结婚生子、养育儿女、照顾老人等，以及从退休到去世这些年的开销。

真的是"挣钱一阵子，花钱一辈子"。

草帽曲线

如果用虚线来表示我们一辈子需要支付的费用，实线表示参加工作后赚取的收入，那么我们会看到一个什么样子的人生财富全景图呢？

如图 1-9 所示,这张由收入、支出和生命长度组成的图形,像一顶草帽,也经常被大家称为"草帽曲线"。

当然这张图比较理想化,我们重点通过每个人一生的财富变化,来看一看在哪些重要环节需要我们保持清醒并做出正确的决策。

曲线上方凸出的部分,就是财富蓄水池,我们需要用蓄水池里的水,来支付一生的开销,包括日常开支、子女教育、赡养老人等,同时还要预留出一部分自己养老的钱。

人的一生本就如此短暂,能够挣钱的时光更是屈指可数,而且赚钱的能力并不是随着年龄的增长一直递增,在45岁以后,随着每个人的精力和体力逐渐下降,收入也会进入缓慢增长期甚至下降。但是花钱却是一辈子的事情,而且每天都在进行。

也正因为如此,草帽曲线展示出的人生图景才显得那么现实与沉重。

草帽曲线让我们看到了人生的不易,也更能凸显理财的重要性。事实上,理财就是要努力拓宽财富蓄水池的宽度和高度,适当控制支出,并且能够合理地配置蓄水池中的"水",以支付我们一生的开销。

理财追求的不仅仅是物质财富的最大化,还包括一生效用的最大化。只有让草帽曲线中财富蓄水池里的水更多,我们的生活才能够更

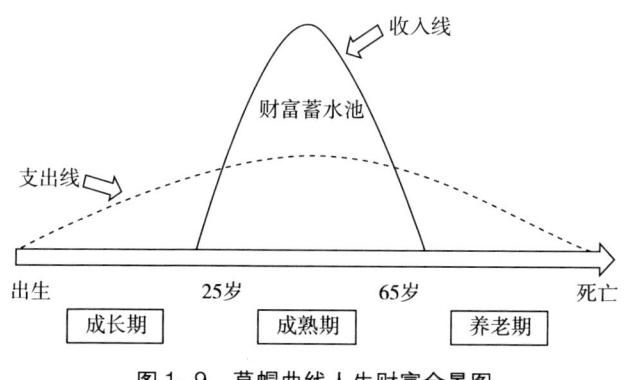

图 1-9 草帽曲线人生财富全景图

从容。此刻，我们再来看那句经典的话，"理财就是理生活"，便能懂得其中的道理。

但显然，我们并不希望自己的一生如同这条草帽曲线一样，忙忙碌碌一辈子，到头来基本没有留下什么。

鸭舌帽曲线

草帽曲线让我们意识到，我们不可能永远18岁，总有一天我们会退休，不再有工资可以领。

理财的目的是增加被动收入，即使在我们无法工作的时候，被动收入仍然能够源源不断地向财富蓄水池里蓄水。

这个时候，草帽曲线就变成了"鸭舌帽曲线"，如图1-10所示。

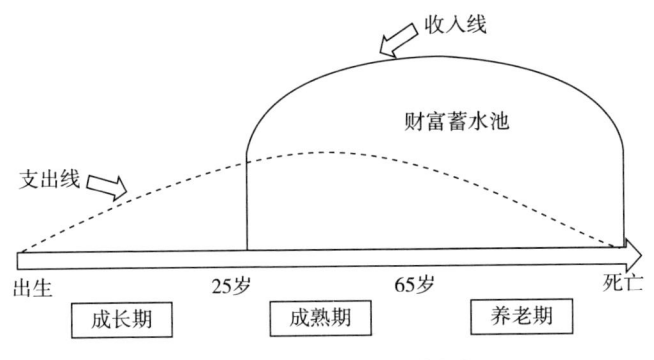

图1-10 鸭舌帽曲线人生财富全景图

鸭舌帽曲线的理念很简单，就是通过退休金、投资理财等多种方式，使我们的收入曲线不会因为离开工作岗位而快速下降。这样一来，即使在退休之后，资产也会带来收入，而不需要我们再去出卖自己的时间来换取报酬，同时我们也能够保持较好的生活品质，拥有更多的选择权。

鸭舌帽曲线相对来讲是我们都希望拥有的人生财富曲线。当然，要想实现这样一个目标，首先需要有健康的身体，其次需要有良好的投资理念和方法，最重要的是能够在我们短暂但又漫长的一生中好好地实践这些方法。

跑赢 CPI、GDP 以及 M2

投资收益目标的制定有很多种方法,如果你的目标就是跑赢国家的经济社会发展速度,那么你就需要了解一下,有哪些指标是来衡量老百姓支出、国家发展速度、通货膨胀等基本情况的。

接下来,我详细介绍 3 个我们经常听到并且非常重要的宏观经济指标。

CPI

CPI 反映的是市场上生活消费品的价格增长速度。CPI 是我们经常在电视和网络里看到的经济指标,它的出现频率之所以如此高,是因为它和我们每个人的生活息息相关。比如 CPI 在 11 月上涨了 2.8%,简单理解就是物价在 11 月上涨了 2.8%。

通常情况下,CPI 是国家观察整个社会通货膨胀的重要指标,追上 CPI 就相当于追上了通货膨胀。

因此,如果你想保持现在的生活品质,你的收入就必须要保持同步的增长速率。当然,收入不仅仅是工资收入,而是工资收入 + 投资收入整体的增速。

需要特别强调的是,CPI 主要包括食品烟酒、衣着、居住、生活用品及服务、交通和通信、教育文化和娱乐、医疗保健、其他用品和服务八大类,而且这些类别并不是等比例分配,其中食品的占比最高。毕竟民以食为天,我们都是"干饭人"。

因此,人们对价格最敏感的方面主要来自"食",也就是食品价格的上涨。根据数据回测,在过去绝大多数时间里,食品的价格上涨要远高于 CPI 的整体涨幅,年平均涨幅在 5% 以上。也就是说,如果你想维持跟前一年同等的"食"的标准，你需要确保自己手里的资产年化收益率达到5%以上。

GDP

追上CPI只能维持我们现有的生活水平，对于投资理财来讲，跑赢CPI只能算及格。要想达到良好的成绩，我们就需要跑赢GDP的增长速度。GDP是一定时期内一个国家或者地区所有最终产品或服务市场价值的总和。过去20年，我国GDP的增速在9%左右。

如果你的投资年化收益率超过9%，可以说你跟上了国家的整体经济发展速度，如同我们经常说的，可以和整个国家一起分享经济发展的红利，按部就班地提升自己的生活品质，享受优质的生活资源。

需要指出的是，随着国家经济体量的不断增大，未来我国GDP很难维持在9%的高增长水平，而5%~6%的经济增长速度可能会成为新常态。

货币供应量指标M2

我们可以把M2理解为社会流通中的现金＋存款，它反映了现实的购买力和潜在的购买力。货币是由政府进行投放的，如果你追上了M2增长率，就相当于追上了国家印刷钞票的速度。

以上就是3个对我们每个人都影响较大的国家经济宏观指标。以2020年为例，2020年全年我国CPI上涨2.5%；受疫情影响，以2020年4季度GDP增速6.5%代表全年增速；M2增速为10.1%。

如果你在2020年的资产收益率低于CPI上涨的2.5%，那么说明你没有跑赢通货膨胀，实际上生活水平是下降的。

如果你在2020年的资产收益率大于2.5%，同时小于2020年4季度GDP增速6.5%，那么说明你跑赢了通货膨胀，但是没有跑赢GDP，也就是说你的财富增长没有跟上国家的经济发展速度，你的财富等级处于下滑通道。

如果你在 2020 年资产收益率大于 6.5% 同时小于 10.1%，说明你跑赢了通货膨胀也跑赢了经济发展速度，但是没有跑赢 M2，也就是说你的收益赶不上国家印钱的速度。

所以，你的投资目标是哪个呢？

很显然，跑赢 M2 才是我们理财的终极目标。

可能你在想，为了工作已经筋疲力尽了，哪里还有时间和精力去搞复杂的投资理财呢？那么，有一种适合懒人的投资理财方法正适合作为"打工人"的你，那就是投资基金。在下一章，我将着重讲解基金的基本知识。

现在就开始行动吧，少年！

第二章

基金投资基础

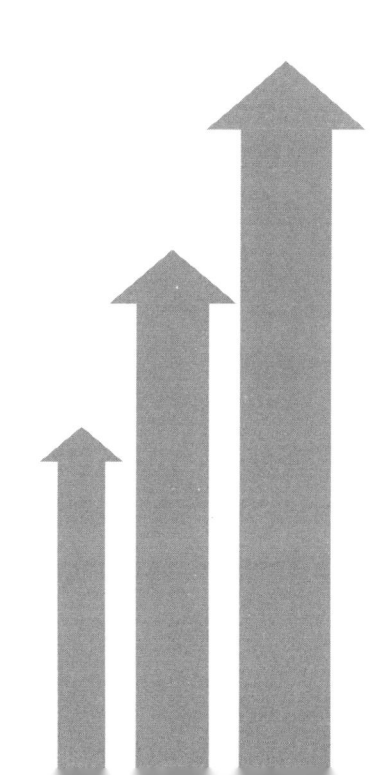

如果你的汽车需要保养和维修，你是自己动手，还是去4S店找专人处理呢？

如果家里的猫咪生病了，作为铲屎官，你是自己给它治疗，还是带它去宠物医院看医生呢？

或许你会觉得奇怪，这还用问吗？车辆保养肯定要去找专业的人，宠物生病了必须要去看宠物医生呀。

这些问题的答案似乎没有什么争议。

但是在投资理财这件事情上，很多人更愿意相信自己的眼光和判断，对于专业人士的选择反而嗤之以鼻。

事实上，如果你没有专业的投资和法规知识，对特定行业认识不足，获取信息的渠道经常是"小道消息"抑或在股吧里看到的N手信息，那我劝你，还是找个专业人士来辅助你做好投资决策吧。

就如同维修汽车、给宠物看病一样，找专业的人做专业的事。

毕竟，"别人贪婪我恐惧，别人恐惧我贪婪"这句话说出来容易，但是在真正实践的时候，需要你有强大的信心，而信心的来源正是掌握投资与法规知识、具备行业研究能力以及信息获取与处理能力。

除了运气和努力，投资更重要的是人在认知范围内的一次次选择，这些选择造成了不同人之间的差距。

与其说谈钱太俗，不如说谈钱才是生活的根本。

我撰写这本书的初衷，就是提供更多专业知识来帮助大家获得财富的保值和增值。

买基金前，你要问自己的 3 个问题

有人说，人生有三大幻觉——A 股要涨、美股要跌、她还爱我。

如果必须要排个顺序的话，显然 A 股要涨更实际一些。

最近网上流传一个段子，基金经理不知如何给自己女儿的班主任推荐股票。

这位从业多年的基金经理，宝贝女儿正式开始上小学。班主任老师发现这位家长是基金经理后，当然不会放过这么好的交流经验的机会。

然而，基金经理却抓狂了。

虽然基金经理经历过大风大浪，但在孩子班主任这件事上却很纠结，完全没有调配几十亿资金时指点江山的豪迈劲儿。

虽然班主任比较客气，只希望这位基金经理推荐理财文章学习一下，但还是隐含着"你就给我一组代码"的盼望。

可是在基金经理看来，这不是简单一组代码就能搞定的。

要是自己的钱，无所谓，洒洒水啦；要是客户的钱，可以让他长线投资，有波动拿住就好；要是朋友的钱，推荐一些收益稳定的理财产品，皆大欢喜。就怕班主任这种钱，不是自己的，不是客户的，也不是朋友的，必须要赢。

让他加仓吗？万一继续跌怎么办？

让他买个固收类的理财产品？方案是稳妥了，但是赚点小钱班主任也可能觉得没什么意思。

让他看一看自己的持仓情况？满仓的特斯拉、苹果、纳斯达克股票，难道是想让班主任天天半夜起来看美股？人家第二天还要教书育人的，这怎么能行！

好难！这种推荐不但要赢不能输，还得是大赢，更是难上加难！这让基金经理发怵。

还好，这本书不是针对我孩子的班主任，所以我可以放下心理负担，仔细琢磨一下买什么基金比较好。

买什么基金好？其实详细拆分这个问题之后，是以下3个更加具体的问题。

- 投资赚的是什么钱？
- 投资能赚多少钱？
- 怎么赚到这些钱？

所以，当我们把"买什么基金好？"这个问题拆分成以上3个问题，我们就可以更加清楚地知道我们要什么了。下面，我们来详细看一看这3个问题。

投资赚的是什么钱

很多人有一个习惯，就是经常会盯着自己看好的股票，而股票价格的上涨或者下跌甚至能影响心情。那么，当我们观察一家上市公司的股票价格时，我们在看什么呢？

事实上，股票价格不是简单的数字变化。整体来看，股票价格由两部分组成：一部分是这个公司的真正内在价值；另一部分是市场参与者的期望或者估值，简单讲也可以理解为"情绪"。

股票价格 = 价值 + 情绪

也就是说，股票价格的上涨掺杂了两个部分：一部分是价值的上涨；另一部分是短期市场情绪带来的上涨。

其中，价值的上涨相对缓慢。企业内在价值的创造，需要日复一日的辛勤劳动，通过产品或者服务来不断积累才行。比如一家企业创造了20%的年利润增长率，但是简单折算一下会发现，对应到每个交易日的涨幅只有0.07%。

但情绪的上涨往往是急促而猛烈的。我们经常看到有的股票在交易日动辄上涨5%、8%甚至涨停，显然这些涨幅多半是情绪带来的。

因此对于第一个问题，我们要心里有数，明白要赚的钱到底是"企业价值增长的钱"还是"短期情绪波动的钱"。

前者是一个增量游戏。统计数据显示，过去20多年来，我国的GDP平均增速在9%左右。事实上很多公司创造的利润增长都超过了GDP的增速。如果你用某种方式，把自己的钱配置到能够代表中国经济的公司里，那么即使你什么都不做，也能够获得10%左右的年化收益率。

"躺赢"，并不是不可能。

后者是一个存量游戏。你赚的短期情绪波动的钱，其实是另一个人亏掉的，因为在存量竞争中，有一个人赢，就必然有一个人输，只不过绝大多数人认为赢的是自己。同时，每一笔交易都会收取各种佣金、手续费等，所以在这个游戏里没有赢家，全是输家，大家是在一个不断亏损的盘子里不停地博弈。

所以，长期来看，大多数能够在股市里稳定赚钱的人，赚的都不是存量游戏里的钱，而是增量游戏里的钱，也就是赚的是企业价值增长的钱。

投资能赚多少钱

先把结论摆出来，从历史回测数据来看，**股票的收益是所有主流资产中最高的。**

杰里米·J. 西格尔（Jeremy J. Siegel）教授分析了美国1802—2002年的200年时间里的金融资产增长情况（见图2-1），从中可以看出价值1美元的不同资产在这200年里发生了以下变化。

- 现金的价值损失了95%，年化收益率为 –1.4%。
- 黄金的价值增长了4.52倍，年化收益率为0.7%。
- 短期债券的价值增长了281倍，年化收益率为2.7%。
- 长期债券的价值增长了1 778倍，年化收益率为3.6%。
- 股票的价值增长最高，超过了70万倍，年化收益率为6.6%。

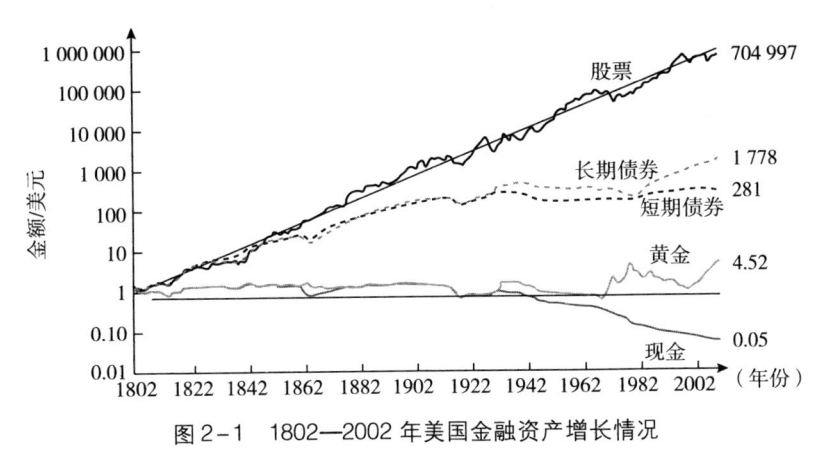

图2-1　1802—2002年美国金融资产增长情况

资料来源：Jeremy J. Siegel. *Stocks for the Long Run*, 1998.

很明显，在这几项资产中收益最高的是股票。也许有朋友会疑惑，为什么是股票而不是黄金或者其他投资产品？回顾历史我们会发现，现代科技和市场经济是创造财富的动力，这两者结合在一起发生了剧烈的化学反应，把人的价值和创造力全部释放出来，财富也随之不断增长，最终变成更大范围、更多的资产。

这还没有结束，细心的朋友应该还会发现，图2-1中的数据并没有考虑这200年时间里的通货膨胀等因素。我们把这些因素考虑进来之后，看一看会有什么变化。

在这200年中，美国的年通货膨胀率是1.4%左右，GDP的增速在3%左右。也就是说，股票实际的年化收益率＝6.6%－1.4%－3%＝2.2%。

那么这2.2%的收益率是什么呢？这个收益率主要包含两方面：一方面，由于企业经营的存在，企业在社会中创造的价值不断增加，赚取利润的速度会超过GDP的增速；另一方面，上市公司整体的盈利能力和公司质量，要高于社会上全部企业的平均水平，所以它们的盈利增速会更加快一些。

回过头来，我们再来看一看国内的情况。

前面提到过，我国过去20多年的GDP平均增速大概是9%，全部企业的收益率在10%左右，而上市公司的收益率情况略好一些，能够达到12%左右，偏股型公募基金的年化收益率在15%左右。

随着经济规模的不断增加，2019年我国GDP已经超过14万亿美元，位居全球第二。但未来的GDP增速很难维持在较高水平，我们姑且认为未来20年我国的GDP平均增速在5%左右，那么上市公司的净资产收益率预计为8%~10%。

也就是说，**8%~10%的年化收益率应该成为我们未来的一个基本收益目标**。

怎么赚到这些钱

接下来，我们来看一看更直接的问题，那就是如何才能赚到这些钱。

还是先说结论，**这个过程非常复杂，也非常简单。**

复杂是因为如果你想在股市里赚钱，就必须有一套适合自己的投资体系。

- 你擅长什么？你的经验、知识、能力和兴趣是什么？
- 你的投资理念是什么？是否了解投资对象？是否掌握了好的投资标准？是否构建了符合自己要求的投资组合？
- 你买卖的策略是否清晰？是否知道何时以何种价格买入，以及何时以何种价格卖出？

如果对以上问题你都有了明确答案，那么我们可以继续下面的讨论。当然，不要被这么多问题吓到。正如前文提到的，这个过程看着很复杂，其实也很简单。

如果你能认清自己的能力圈，抱有合理的收益预期，那么"怎么赚到这些钱"这个问题就变得容易很多。对于大多数人来讲，只要稍微学习一些基本的投资知识，就可以获得70分以上的效果。

但是如果想要做得更好，赚得更多，那么难度就会呈指数增加。很明显，单靠个人的能力我们很难完成这个目标，这也是我们选择投资基金的主要原因。

指数基金

关于指数基金的定义和优劣势，这里就不再赘述。

仔细阅读本章内容的朋友会发现，在国内要想实现"躺赢"，也就是年化收益率达到8%~10%，长期来看，指数基金是个不错的选择。毕竟指数基金可以比较全面地代表未来中国经济，选择指数基金能够享受改革开放的红利和经济发展的成果。

需要注意的是，这里的指数基金可以是沪深300指数基金、上证50指数基金、中证500指数基金等，这些宽基指数基金是值得入手的。因为这些宽基指数基金本身就是一个闭环投资体系。比如股票的选择、股票仓位占比、何时剔除或加入股票等工作，宽基指数基金都已经帮我们完成。

大道至简，"躺赢"并不难，就看你能否坚持下去。

至于行业指数基金，比如消费行业指数基金、新能源行业指数基金、医药行业指数基金就已经涉及择股。这也是我们后面要讲解的重要内容之一。

基于估值的"低买高卖"

我们经常听一些专家说，金融行业或者原材料基金的估值较低，可以买入；新能源、科技行业的基金估值较高大家可以抛了。

这里说的就是基于估值以及其他数据来控制仓位，股票价格低的时候多买一些，高的时候多卖一些，从而提高整个投资组合的收益率。一般来讲具体能够增加多少收益要看股市的波动情况。

当然，对于很多人来说，这已经超出了其能力圈，在这种情况下买入宽基指数基金较为稳妥。

主动型基金

在中国市场，选择主动型基金要看收益情况，但更重要的是要看基金经理的优劣。这也是投资者要明确自己能力圈的一个原因。

在选基金经理时，很多人认为只要看他所管理的基金的收益就好了。事实上，**选择基金经理需要构建很强的能力圈，你不仅需要了解基金经理的历史投资收益率，还需要了解这位基金经理的投资逻辑、**

价值观、投资理念等，更重要的是需要了解他的人品，是否值得托付。毕竟你给他的是真金白银，每一分钱都是自己的血汗钱。因此，挑选基金经理时需要慎重考虑。

投资逻辑、价值观、投资理念决定了基金经理能否获得超越指数基金的收益，不应当仅从过往历史业绩来评价其能力。

如果你能找到优秀的基金经理，那么恭喜你，你的投资收益就可以再上一个新台阶了。

直接买卖股票

如果你对具体公司感兴趣，那么你可以进一步拓展能力圈，这样就有可能获得超越指数平均水平的公司的收益。

买股票，做自己的投资经理。

当然，买股票并不是一个简单的事情，在做决定之前，你需要明确这是否在自己能力圈内。**赚自己能力圈或者认知范围以内的钱很重要**。否则，连"躺赢"的收益都拿不到。

基金有哪些分类

基金投资并不难，不要把它想象得过于复杂。简单来说，基金投资就是把钱集中交给专业的投资机构，让它们来帮我们投资赚钱，这些专业机构就是基金公司。专业化管理是基金行业的显著特征。当然，基金公司不是公益慈善组织，它们在帮大家赚钱的同时也会收取一定的费用。

基金有很多种分类：货币基金，主要通过到银行存钱来获取利息；债券基金，通常借钱给政府、企业等赚取利息；股票基金，通过炒股赚取收益，收益高、风险也大；混合基金，货币、债券和股票都有所涉及。

我们来详细看一看这些类别的基金有什么特点。

货币基金

货币基金简称"货基",货基的大部分资金都是存在银行获取利息或者是投资在短期债券、央行票据等低风险产品上,而且货币基金的钱是不能够投资股票市场的。因此,货币基金的风险相对很低。

那有人可能会想,既然是存到银行获利,我自己去银行存钱不是更直接?其实不然。货币基金存钱到银行,可跟我们普通人存钱到银行的收益不一样。货币基金存钱到银行收到的利息要比我们自己存钱高很多,毕竟货币基金的规模动辄几亿甚至几十亿元,银行是非常喜欢这样的客户的。至于利息,当然就可以和银行协商,从而获得一个比较好的收益。

债券基金

债券基金把80%的资金用来投资债券,因此它的主要收益就是来源于债券的利息和债券买卖的差价。

其实债券是非常好理解的,它相当于一张欠条。比如,企业在缺少资金的时候,就可以通过专业机构向社会大众借钱,并承诺还钱的时间和利息。我们借钱给企业,企业就会给我们一个欠条,这个欠条就是债券。对债券做个简单分类,国家发行的债券叫作"国债",金融机构发行的债券叫作"金融债",企业发行的债券叫作"企业债"。由于国家的信用很高,破产的可能性很低,所以国债又被称为"金边债券"。

当然我们不必持有债券一直到对方还本付息。当我们手里缺钱的时候也可以把这张欠条转卖给别人。对方还钱的时候,把钱还给持有债券的人就好了。

债券基金主要分为纯债基金、二级债券基金、可转债基金等。

纯债基金，投资的都是债券，不买股票也不打新股，风险在债券基金类别里是最低的。

二级债券基金，除了投资债券，还会投资股票，所以二级债券基金的风险相对高一点。

可转债基金，主要投资的是可转债。可转债是上市公司发行的一种债券。买了这种债券之后你可以持有至到期等待还本付息，也可以在期限内把这只债券转化为这个公司的股票。

聪明的读者可能已经明白了，在市场好的时候，我们可以把可转债转换成股票享受股市上涨带来的收益，在市场不好的时候，我们可以一直持有债券到期，获得稳定的本息。

因此，债券基金获得收益的方式主要有以下3种。

- 收取利息：债券本身就是一张欠条，到期之后我们可以收回本金并获得利息。
- 赚差价：我们拿着债券可以进行买卖，比如我们花100元买入的面值100元的10年期国债，现在涨到了125元，这个时候我们卖了这张债券就可以赚25元的差价。
- 投资股票：二级债券基金，就是在投资债券的基础上还投资了一部分股票。

股票基金

股票基金和债券基金的要求有点类似，股票基金需要把80%以上的资金投资到股票里。当然，股票的风险比较高，所以股票基金的风险也很高。

所谓富贵险中求。股票基金的收益一般来讲也会比债券基金高，债券基金的收益要比货币基金高。

股票基金收益 > 债券基金收益 > 货币基金收益

混合基金

混合基金，不像货币基金、债券基金或者股票基金，需要完全或者重点投资某个类别的资产，它是可以投资股票、债券、货币等多个市场的投资组合。

一般来讲，混合基金的风险介于股票基金和债券基金之间。混合基金的仓位非常灵活，比如，看好股市的时候，混合基金可以多配置一些股票，市场不好的时候就可以多配置一些债券。混合基金具有典型的"进可攻退可守"的优势。

当然，仓位灵活的混合基金更依赖基金经理的择时能力和管理能力，所以投资混合基金的时候要多多关注基金经理的稳定性和盈利能力等指标。

前面介绍了几种典型的基金，根据中国证券监督管理委员会（简称"证监会"）颁布的《公开募集证券投资基金运作管理办法》，来介绍一下官方关于基金的定义（见表2-1）。

表2-1 基金的定义

序号	具体类型	基本定义
1	货币基金	投资于货币市场工具的基金
2	债券基金	80%以上的基金资产投资于债券的基金
3	股票基金	80%以上的基金资产投资于股票的基金
4	混合基金	投资于股票、债券、货币市场工具或其他基金份额，且投资比例不同于股票基金、债券基金投资范围的基金

另外，我们经常听说的一种基金叫作私募基金。

事实上，按照募集资金的方式不同，我们一般把基金分为公募基金和私募基金。

私募基金听起来高大上，投资门槛也很高。一般私募基金的投资门槛要在 100 万元以上，而且是以非公开的形式向特定投资者募集资金，需要投资者有很强的风险识别能力和风险承受能力。

公募基金就是前面介绍的那些基金，比如货币基金、混合基金等。这些基金向社会公开募集资金，我们经常可以在地铁站、手机 App 里看到这类基金的广告。公募基金主要面向大众，因此投资门槛不高，用 10 元甚至 1 元就可以开始投资。

基金投资的优势和风险

最近两年基金的火热程度已经让大家摩拳擦掌，准备通过投资基金获得收益。那么，基金到底有什么优势使得它获得这么多人的青睐？另外，听多了基金投资的多种好处，难道基金投资就没有风险和不足吗？这一节我们就来客观地认识一下基金投资的优势和风险。

基金投资的优势

专业管理是基金的独特优势，我们仔细分析一下，看一看这个专业管理到底包含什么内容。

信息获取与处理优势

资本市场每时每刻都在变化，每天我们都会接收海量的信息。但是这些信息哪些是有用的？如何筛选？怎样才能基于获得的信息做出客观的判断，从而捕捉市场上的投资机会？

对于普通投资者来讲，如果没有经过专业训练，是很难解决以上问题的。即使听到了消息，多半也是"小道消息"。一方面信息来源可靠性不强，另一方面信息可能已经传来传去很久了，只不过传到我们耳朵里的时候我们认为是最新消息而已。基金公司之所以能够进行专业管理，就是因为它们会雇用专业的人来研究宏观经济、行业发展趋势、重点企业盈利模式等。通过了解国家的大政方针和对政策进行分析研判，可以判断出一些政策的制定会对市场和重点行业带来怎样的影响。通过掌握行业发展规律，以及深入企业进行调研，基金的研究员可以获得企业发展的第一手资料和信息。

很显然，普通投资者就很难直接联系企业进行调研。即便去了，企业也不见得有时间接待。

专业领域深耕优势

表面上，每只基金都会有一两个基金经理来进行管理，事实上，在基金经理背后，有着专业的研究团队和运营团队来做支撑。这些专业人员不仅是名校毕业，有着硕士、博士等高学历，还持有基金从业资格证、基金销售人员从业资格证、特许金融分析师证、注册会计师等各种证书。虽然这些证书不能保证他们研究管理的基金可以取得高收益，但是没有扎实的金融投资知识肯定难以考下这些证书。而普通投资者要去学这些专业知识费时费力，甚至可能事倍功半。同时，基金研究团队在比较垂直的领域，也有深厚的行业背景或者研究能力。比如，投资5G概念股，可能需要你对通信、网络、频谱等方面有比较强的研究能力；投资医药股需要你在生物、化学、病理等方面做到有的放矢。这对普通投资者来说是很难做到的。

规模优势

股票投资一般以 100 股为一手作为起投数量，比如我们想买入上海机场的股票，截至 2021 年 2 月 20 日，一手上海机场股票的价格是 6 094 元，一手五粮液的股票价格是 3.4 万元，更别说价格更贵的茅台了。但是，基金是标准化产品，是按照份额进行买卖的，所以投资者能以很便宜的价格，甚至是 100 元来买入中意的基金份额。另外，基金可以由很多人一起买，相当于由很多人共同承担基金的管理和运营成本。

分散投资优势

基金一般会投资几十只甚至更多的股票，和投资个别股票来比较的话，基金可以有效分散风险。当然，普通投资者可以自己研究股票，但是每个人的精力是有限的，其只能聚焦在少数股票上，很难做到分散风险，甚至会让自己的投资暴露在"个股风险"之下。

渠道优势

最近几年，境内互联网企业发展比较快，股价也在不断上涨。如果能够投资腾讯、美团、快手这样的互联网企业，岂不是能够大赚特赚？但是很遗憾，这些企业很多都是在中国香港或者美国上市，境内的投资者很难直接投资。以在香港上市的企业为例，个人投资者如果想投资港股的话，目前只能通过港股通进行交易，而且有 50 万元的开户门槛。如果通过基金，我们只需要买入合格境内机构投资者（Qualified Domestic Institutional Investor，简写为 QDII）基金就可以实现。这样一来，股票对于个人投资者的许多限制在基金投资上都可以被解除。

基金投资的风险

虽然基金投资有很多优势，但任何事情都有两面性，基金投资也有很多"坑"。

伪明星基金

我们在选择基金的时候要看基金经理的基本情况，尤其是在选择主动型基金的时候，大家要留意基金经理管理的所有基金的收益情况，而不能仅仅只关注基金经理管理的一只基金。

为什么要这样操作呢？

因为对于基金经理来讲，在自己管理的基金中打造出一只明星基金不难，难的是管理的每只基金都是"精兵强将"。因为有时候为了打造一只明星基金吸引更多的投资者投资，一些基金经理会刻意给明星基金"输血"，而输血的方式就是牺牲别的基金和投资者的利益，俗称"抬轿子"。

抬轿子的典型做法就是，A 基金先买入某只股票，然后 B 基金和 C 基金也持续买入这只股票，把股票价格推高。这样一来，A 基金由于最先买入，业绩必然会很好，所以 A 基金属于坐轿子的，而 B 基金和 C 基金由于给 A 基金抬轿子，业绩自然不会好看。

所以看到业绩优秀的基金，我们不要盲目地买买买，反倒更要睁大眼睛仔细观察，尤其是要观察基金经理的表现，看一看他都管理了哪些基金，除了收益很高的基金，基金经理管理的其他基金表现是否也很优秀。

人性的贪婪

没人会对自己的工资满意，月薪 1 万元的时候想的是月薪 5 万元该多好，月薪5万元的时候想的是月薪10万元该多好，月薪10万元的时候想的是什么时候能够实现财富自由……

基金经理的工资基本不是根据月计算，而是直接按年计算。2017年的时候就有机构统计，当时基金经理的年薪中位数就达到169万元。月薪不仅超过10万元，而且达到了14万元。需要说明的是这还是2017年的数据。

基金经理的工资非常高，但人的欲望总是难以满足。正是因为人性的贪婪，才出现通过基金进行"利益输送"的情况。比如有的基金经理提前知道要买入哪些股票，通过操作亲人的股票账户提前买入，之后再用基金的钱大量买入股票，等股票价格上涨之后，再通过亲人的账户卖出。这就是我们经常说的"老鼠仓"。

虽然这种操作被叫作"老鼠仓"，但是获得的收益一点也不像"老鼠"，而是像"大象"，要知道基金规模一般都是上亿元，一旦"老鼠仓"成功实施，利润动辄几百万元甚至上千万元。对于那些想不劳而获的人来讲，实施几次"老鼠仓"就能实现财富自由。

说了这么多，其实是想提醒大家，基金虽好，但是不能闭着眼睛随便买。我们既要知道基金的投资优势，也要明白人性的弱点，不能别人推荐什么就买什么，更不能唯"投资收益"论，要理解获得这些投资收益的基本原理。不然，我们赚到的钱也会赔回去。

选基金前你要明白的10个问题

投资基金，我们一般都会关注基金的收益情况。这个也很好理解，毕竟基金收益高说明基金经理管理得不错，值得重点考虑。就如同公司招聘的时候，会着重考察应聘者过往的业绩一样。这一节，我会介绍几个指标，作为大家筛选基金的参考。

基金的业绩表现

如前面所说，基金的业绩是最直观的指标，我们可以通过历史收益来判断基金过去几年的表现如何，取得了多少收益，甚至可以通过回测数据看一看如果过去 3 年定投这个基金能够获得什么样的年化收益率。

然而，基金的业绩表现虽然是重要的衡量指标，但是也有一定的局限性，需要注意以下两点。

一方面，基金的历史业绩未来不一定还会保持下去。这一点，投资过历年业绩排名第一基金的投资者或许感受最深，很多当年的业绩冠军基金，在第二年可能已经排名中下游了。所以很难说现在业绩好的基金，以后业绩依旧优秀。我们通过业绩选基金是很重要的一步，但不是唯一的一步。

另一方面，基金获得某一年的高收益难度不大，难的反倒是连续多年获得较高的收益。这也从侧面说明一个筛选基金的要求，那就是基金成立时间越长，就越容易通过历史数据来分析它的优劣。

比如，表 2-2 所示的这只基金，如果单独看其中一年（比如 2019 年或者 2015 年），貌似收益涨幅还是不错的，但是要以年为单位进行分析的话，其长期风险还是很大的，业绩也不太好。我们在选择这样的基金时，就需要慎重。

夏普比率

如果说有哪些指标可以把基金的收益和风险综合起来进行衡量，很显然，夏普比率比较合适。夏普比率是由经济学家威廉·夏普（William Sharpe）提出来的，所以也就以他的名字命名。

简单讲，夏普比率就是用来说明未来获得一定的回报，这只基金

表2-2 某基金的历年年度涨幅

	2020年	2019年	2018年	2017年	2016年	2015年	2014年	2013年
阶段涨幅/%	39.10	95.44	-31.83	-12.80	-24.22	51.34	9.00	3.38
同类平均/%	41.00	32.00	-13.93	10.54	-7.23	46.34	22.46	14.43
沪深300/%	27.21	33.59	-25.31	21.78	-11.28	5.58	51.66	-7.65
同类排名	1 720/4 606	10/3 407	2 323/2 977	2 045/2 768	1 178/1 336	264/750	513/612	434/529
四分位排名	良好	优秀	不佳	一般	不佳	良好	不佳	不佳

资料来源：天天基金网。

需要承担多少风险。对于其中复杂的推理过程，有时间的读者可以研究一下，我们在筛选基金的时候直接使用结论就好，那就是：夏普比率越大，基金表现越好，也就越值得投资。

但是，其中夏普比率的大小比较一定是在同类型的基金之间进行的。这里就延伸出一个问题，不同类型基金的收益和风险各不相同，我们需要一个比较基准。

根据专家测算的结果，我们列出了不同类型基金的夏普比率。

- 货币基金的平均夏普比率为 2.4。
- 股票基金的平均夏普比率为 1.1。
- 债券基金的平均夏普比率为 0.5。
- 混合基金的平均夏普比率为 0.7。
- QDII 基金的平均夏普比率为 0.4。

需要说明的是，这些数据测算截止时间是 2019 年年底，大家在筛选不同类型的基金时，可以根据上述基准作为参考，看一看我们心仪的基金是否达标。

最大回撤率

最大回撤率也是我们在筛选基金的时候经常使用的指标。简单来讲，最大回撤率反映的是买入基金后可能面临的最大亏损。因此，聪明的读者可能意识到了，基金的最大回撤率越小，说明这只基金的稳定性越好。想想看，如果在熊市，基金的最大回撤率还能控制得较好，说明基金经理的表现和基金的整体收益是可圈可点的。同样的，根据专家的测算，我们也梳理出不同基金的最大回撤率数据，希望能够帮助大家筛选基金，优中选优[①]。

- 货币基金的最大回撤率为0%。
- 股票基金的最大回撤率为34.1%。
- 债券基金的最大回撤率为1.9%。
- 混合基金的最大回撤率为24.8%。
- QDII基金的最大回撤率为20.6%。

总的来看，我们在筛选基金的时候，收益是我们关注的重要指标，但这只是第一步，同时我们要看一看基金的夏普比率（越大越好）和最大回撤率（越小越好）。

筛选基金的参考指标已经提供给大家了，这些指标并不是一成不变的，大家要灵活使用。

基金的手续费

让专业人士来帮我们投资理财，当然需要我们付给人家一定的费用，毕竟基金投资不是做公益。

一般基金的手续费包括申购费、赎回费、管理费和托管费。但是不同基金的费用各不相同。总的来看，手续费从低到高的基金分别是：货币基金、债券基金、混合基金、股票基金、QDII基金等。

我们以易方达蓝筹精选混合基金为例，看一看投资这只基金需要支付多少费用（见表2-3）。

[①] 徐远. 徐远的投资课：投资原则与实战方法 [M]. 北京：中信出版社，2020.

表2-3 基金投资费用一览（个例）（截至2021年7月1日）

费用名称	费率	备注
申购费	0.15%	优惠打1折，即0.15%
赎回费	0.5%	持有超过30天以后
管理费	1.5%/年	按日收取
托管费	0.25%/年	按日收取

从表2-3中我们可以看到，买入这只基金之后我们要支付的总费率就是：

$$总费率 = 申购费率 + 赎回费率 + 管理费率 + 托管费率$$
$$= 0.15\% + 0.5\% + 1.5\% + 0.25\% = 2.4\%$$

也就是说，如果我们投资易方达蓝筹精选混合基金，年化收益率为15%的话，那么实际到手的收益率是15% - 2.4% = 12.6%。

其实支付的费用并不低，而且这个费用不会因为基金收益的高低而减少，也就是说只要你投资这只基金，手续费就必须要缴纳。所以当我们进行基金投资的时候，一定要谨慎并优中选优，避免反复交易带来的高昂手续费。

基金规模

基金规模是衡量一只基金是否健康的指标之一。规模较小的基金，一般波动的风险比较大，清盘的风险也很大。2019年被清盘的基金中，有超过一半的基金规模不足5 000万元。5 000万元对于普通投资者不是小数目，但是对于基金公司来说，能够从这5 000万元里收取的基金管理费也不过50万元左右。而管理一只基金不仅仅依靠基金经理，还需要投研等各个团队的支持。很显然，这50万元基本上是杯水车薪。

基金规模过小，一般主要是因为业绩不好。基金难以给投资者带来回报，自然会被更多人赎回，之后其规模会越来越小，最终形成恶性循环。

因此，我们在选择基金的时候，要避免选择规模在5 000万元以下的基金，最好选择规模在2亿元以上的基金。

机构投资者的间接背书

大家投资基金的时候，经常听到一个词叫"机构投资者"。其实机构投资者涵盖的机构很多，比如银行资产管理公司、保险资产管理公司、券商资产管理公司、社保基金管理机构、信托公司、私募基金公司等，听起来就有一种专业范儿、正规军的感觉。毕竟专业机构在投资基金的能力和研究深度上，普遍要好于我们这些个人投资者。因此，如果我们筛选基金的时候，发现基金占比中有机构投资者，而且比例不低，那么就可以间接说明机构投资者很看好这只基金。

某基金持有人结构如图2-2所示，这只基金的持有人结构发生了变化，机构投资者从2019年开始关注并投资了这只基金，占比为14.64%，在2020年6月底披露的数据中，我们发现机构投资者的占比在稳步提高，占比达到39.67%，也就是说机构投资者在用真金白银来支持这只基金，而且是持续看好。

当然，需要说明的是，并不是说机构投资者越多越好，比如有些基金的机构投资者占比超过60%甚至超过70%，这样的基金我们在选择的时候也要谨慎，因为机构投资者占比过高，一旦机构投资者需要赎回资金，那么会给基金带来较大波动，影响基金的稳定性。

容易混淆的单位净值与累计净值

有人看到基金的净值经常会分不清。为什么同样一只基金，单位净值和累计净值不一样，如图2-3所示，它们有什么区别呢？

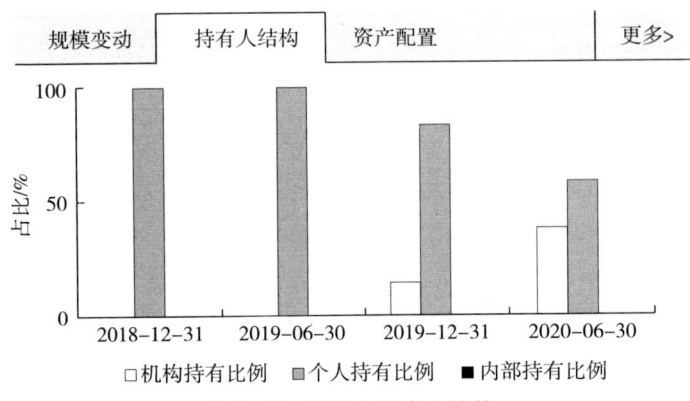

图2-2　某基金持有人结构

注：内部持有比例相对较低，所以图中未显示。
资料来源：天天基金网。

图2-3　某基金的单位净值和累计净值
资料来源：天天基金网。

实际上，这两者的区别就在于是否考虑基金分红。

单位净值就是基金公司每天公布的基金净值，单位净值没有考虑分红的情况。

比如A基金的单位净值刚开始是1元，分红0.1元之后，单位净值就变成了$1-0.1=0.9$元。之后如果基金净值上涨10%，那么单位净值就变成$0.9+0.9\times10\%=0.99$元。因此单位净值没有考虑基金分红。

累计净值正好和单位净值相对，累计净值是单位净值加上基金成立之后累计派息的金额，也就是说累计净值考虑了基金分红。

我们还是拿 A 基金举例子，如果 A 基金分红了 0.1 元之后，那么累计净值还是 1 元，因为要把分红的金额加进去。但是如果之后基金净值上涨 10%，那么累计净值就是 $0.9 + 0.9 \times 10\% + 0.1 = 1.09$ 元。

所以，如果大家再看到某只基金的单位净值和累计净值不一样，那么就说明这只基金进行过分红。

基金的"大众点评"——基金评级

基金评级，就是第三方机构对一只基金的投资风险、类别、收益等进行的科学分析和评价。如同我们每年都去体检一样，第三方机构会帮助我们全面地了解一只基金的基本特性。

目前，很多网站都可以对基金进行全方位的分析和筛选，著名的晨星投资风格箱方法，获得很多人的好评。

可能有人对这个名字比较陌生，但是当看到图 2-4 的时候，或许就会恍然大悟，原来这个就是传说中的"晨星投资风格箱"。

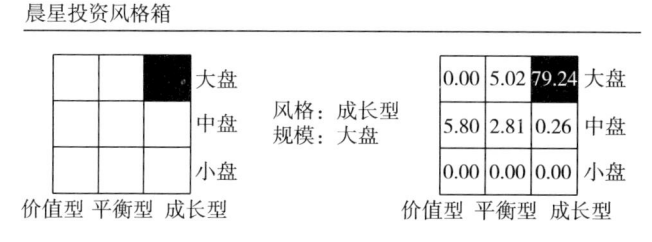

图 2-4　晨星投资风格箱

资料来源：晨星网。

晨星投资风格箱方法创立于 1992 年，主要帮助投资者分析基金的投资风格。晨星投资风格箱用一种简单直观的分析工具，来帮助我们了解基金持有资产规模以及投资风格。

从图 2-4 中我们可以看到，晨星投资风格箱是一个包含 9 个网格的正方形。投资风格箱主要有两个维度：一个是投资规模，投资者可以看到基金投资的是大盘股、中盘股还是小盘股；另一个是投资风格，投资者可以看出基金侧重于价值型、成长型还是平衡型。

也就是说，通过投资风格箱，我们很快就能判断出来这只基金的资产配置风格，比如从图2-4所示的投资风格箱，我们可以看到这是一只投资大盘成长型股票的基金。

那么大盘成长型股票的占比是多少呢？我们可以在图2-4中右边的投资风格箱里看到具体的数据，比如这只基金的大盘成长型股票占比达到了79.24%，占比还是比较高的，确实是典型的大盘成长型股票基金。

需要指出的是，如果基金和基金经理投资风格比较稳定，那么基金在投资风格箱里的位置也会比较稳定，如果基金和基金经理的风格经常变化，那么基金在投资风格箱里的位置也会产生各种变化。所以通过投资风格箱可以很好地观察基金和基金经理投资风格的稳定性以及投资风格。

在天天基金网里，我们可以查询同一只基金在不同时期的投资风格，如图2-5所示。

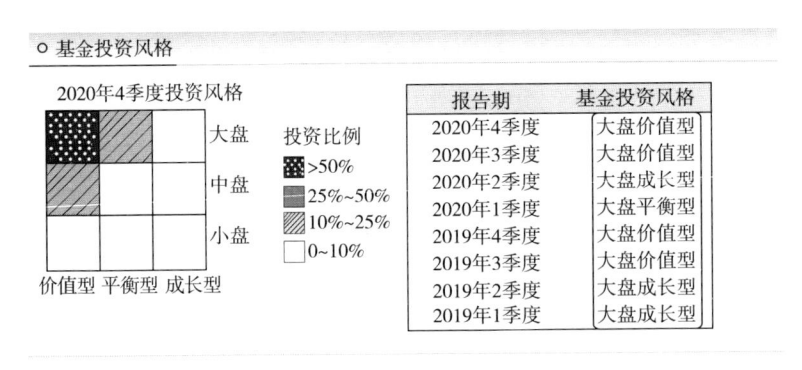

图2-5 基金投资风格

资料来源：天天基金网。

从图2-5中可以看出，案例基金主要投资的是大盘股，同时会在价值型和成长型这两种风格之间进行切换。

当然，并不是说基金的投资风格一成不变就好，我们需要对基金经理倡导的投资风格和他实际操作的结果进行对比，看一看其是否真正落实了投资策略。

基金分红的利弊

在投资基金时，我们一般会比较关注基金的净值，如果有一天你持有的基金单位净值下降了很多，出现类似图2-6所示的情况，那么你不要担心，单位净值突然暴跌不一定代表损失，很有可能是基金进行分红了。

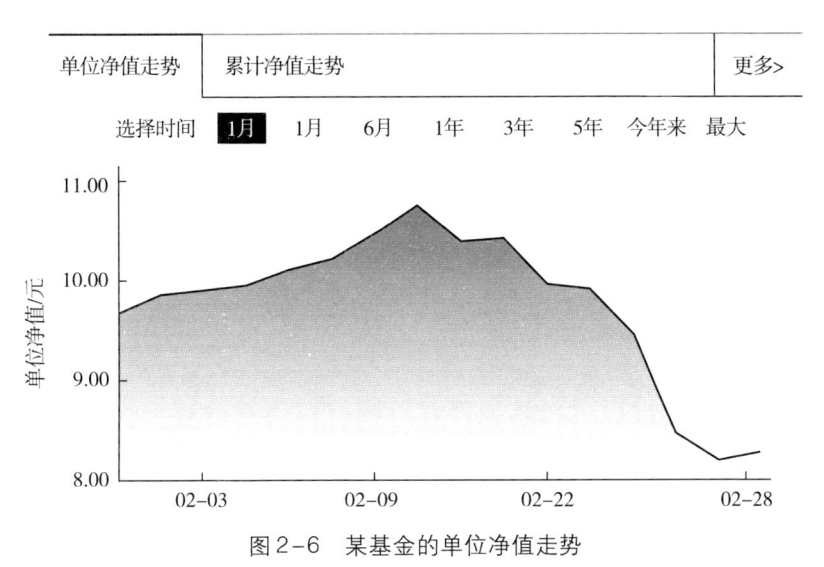

图2-6 某基金的单位净值走势

资料来源：天天基金网。

基金分红并不是新鲜事，投资过基金的人多少都会遇到这样的情况。基金分红就是把基金赚到的钱返还一部分给投资者。因此，基金分红并不是说我们又可以获得额外的收益，这只是基金净值增长的兑现而已，类似我们自己的钱"从左兜里放到右兜里"，既没有收益，也没有损失。

不过，基金分红之后，基金的单位净值会下降。

假如A基金单位净值是2元，我们投资了2 000元，那么买入A基金的份额总计1 000份；现在A基金要进行分红，分红的金额是0.5元，分红之后基金的单位净值就变成了1.5元。虽然基金的净值变小了，但是我们的总资产并没有减少，只不过现在由两部分组成，即$1.5 \times 1\,000 + 0.5 \times 1\,000 = 2\,000$元。

因此，对于基金分红，大家要以平常心对待。那么，如何才能知道自己的基金是否要分红了呢？

一般情况下，基金分红都会提前发布公告。我们可以从中了解基金分红的具体时间和方式等重要信息。

我们以易方达中小盘混合基金为例，可以在"基金公告"里找到相应的信息，如图2-7所示。

图2-7　易方达中小盘混合基金分红公告

资料来源：天天基金网。

我们在基金公告里点击图2-7中圈出的文档仔细查看，就能够看到基金分红的时间、分红的方式等详细情况，如表2-4所示。

表2-4中的权益登记日是可以参与基金分红的最晚时间。以表2-4为例，2021年2月25日之前买入该基金的投资者都可以参与基金分红。

除息日说的是红利从基金资产中扣除的时间，基金份额净值将扣除每份基金的分红金额。因此，我们会看到基金在这一天似乎"亏损"了一大笔钱。需要指出的是，大部分基金的权益登记日和除息日都在同一天，所以基金并没有亏损。

表2-4 基金分红详细情况

项目	说明
权益登记日	2021年2月25日
除息日	2021年2月25日
现金红利发放日	2021年2月26日
分红对象	权益登记日在易方达基金管理有限公司登记在册的本基金全体持有人
红利再投资相关事项的说明	选择红利再投资方式的投资者红利再投资所得的基金份额将按2021年2月25日的基金份额净值计算确定，本公司将于红利发放日对红利再投资的份额进行确认并通知各销售机构，本次红利再投资所得份额的持有期限自红利发放日开始计算。2021年3月1日起投资者可查

现金红利发放日，就是基金向投资者派发红利的日期。由于基金分红分为现金分红和红利再投，所以现金红利发放日这一天，选择现金分红的投资者会发现账户里多了一笔钱，选择红利再投的投资者会发现自己的基金份额增多了。

当派息结束之后，整个基金分红过程就全部结束了。

那么，有人会疑惑，分红以后，这部分分红所得，我是落袋为安比较好，还是继续投资更佳呢？需要先跟大家介绍一下基金分红的两种方式——现金分红和红利再投。现金分红是将分红以现金的形式返还到投资者的账户里；红利再投是用分红的钱再次买入这只基金。

因此，选择现金分红的投资者现金增多了，选择红利再投的投资者基金份额增多了。

那么基金分红的两种方式，该如何选择呢？我们可以根据市场的情况，来做选择。

当投资者发现市场处于比较低的点位时，并且其对未来市场也比较看好，这个时候建议选择红利再投，这样投资者可以获得更多基金的份额。通过分红实现基金仓位的增加，投资者可以更好地享受基金上涨带来的收益。

当投资者发现市场过热或者表现不佳的时候，可以选择现金分红来回避市场风险，获得既定收益。或者当我们不确定是否要继续持有这只基金的时候，也可以选择现金分红，落袋为安。这就和在答题闯关节目中，问你要不要继续回答下一题是一个道理，如何选择主要看你对接下来输赢的预期。

当然，不管是现金分红还是红利再投，其实都是把基金赚的钱返还给投资者。基金在分红之后，净值会下降，投资者要么现金多了，要么基金份额多了。但是需要再次强调的是，我们持有的总资产是不变的。

下次看到基金净值突然下降，不用担心，先看一看基金是不是进行分红了。

为什么基金投资要选定投呢

这几年，大家对基金的熟悉程度不断加深，基金定投的概念也不断深入人心。基金定投简单讲，就是分批、定时、定额买入基金。比如小明在每个月8日拿出800元来买基金，这种投资有既定的时间和金额。这样做有以下几个好处：

- 基金定投的首要任务不是赢利，而是储蓄，确切地说是强制储蓄。比如基金定投的时间定在发工资的第二天，那么每个月都会定期扣款买入基金，再也不用担心存不住钱了。
- 我们入场的时候，很难判断此刻是高点还是低点。如果一次性大量买入某只基金，容易错失投资机会。基金定投不择时，可以分散风险。就好比你在高点买了一件衣服，后来发现这件衣服在"双11"期间促销，价格减半，那这时再买一件，综合下来，你在一件衣服上花费的钱比之前减少了。基金的价格走向往往是波动的，分散买入时间，进行定投，你的风险会被平摊入多次的交易中。
- 波动大的基金适合定投。一般不建议大家定投货币基金或者纯债基金，这两类基金可以一次性买入，因为对于波动较小的基金来说，通过定投分散风险的意义不大。而对于波动大的基金来说，定投就可以趁低价获得更多的份额。所以定投波动大的基金有更多机会获得低成本筹码。

基金定投真的适合所有人吗

什么是指数基金

大家对指数基金这个名字应该并不陌生，巴菲特等很多专家都推荐过它。毕竟普通投资者，没有很强的投资能力，能赚取市场平均收益就很不错了。

为什么指数基金能获得市场平均收益呢？在回答这个问题之前，我们先来看一看什么是指数。

在国内股票市场，上市的股票已经超过 4 000 只，这么多只股票，我们很难时时关注所有股票的动态。为了更加直观地反映整个股票市场的走势，一些金融机构就选出了一部分具有代表性的股票，作为整个市场变化情况的样本，进行数据计算。

沪深 300 指数就是选取了在上海证券交易所和深圳证券交易所上市的 300 家具有代表性的股票计算而来，从而反映了该市场的整体走势。

指数基金就是投资该指数所含有股票的基金。比如沪深 300 指数基金就是投资沪深 300 指数里这 300 只股票的基金。

指数基金值得投资吗

如果你关注基金投资，那么基金定投可能是你听到的最多的投资方式。在关于基金投资的各种讨论中，基金定投可以"秒杀"其他许多投资方式。

我们现在做一个测试，来看一看基金定投是否真的适合大家。

我们选择嘉实沪深 300ETF 基金、富国创业板指数基金、易方达中小盘基金、中证白酒指数基金来对比一下。这 4 只基金既有大小盘的指数基金，又有主题基金，还有主动型混合基金，可以说比较有代表性。投资时间为 2016 年 1 月 1 日到 2020 年 12 月 31 日。按月定投，每月投资 3 000 元，总计投资 60 个月，投资总额为 18 万元。我们看一看是定投收益好，还是一次性投入收益好。

表 2-5 中第一个是嘉实沪深 300ETF 基金，定投的收益率是 44.85%，一次性投入的收益率是 58.41%，两者相差并不大，如果再考虑时间因素，可以说定投和一次性投入打成平手。

第二个是富国创业板指数基金，定投的收益率是 58.82%，一次性投入的收益率是 14.94%，定投的收益率是一次性投入的收益率的 3.9

表2-5 一次性投入和定投的收益率对比

序号	基金名称	投资方式	收益率/%
1	嘉实沪深300ETF	一次性投入	58.41
		定投	44.85
2	富国创业板指数	一次性投入	14.94
		定投	58.82
3	易方达中小盘	一次性投入	343.47
		定投	176.68
4	中证白酒指数	一次性投入	558.07
		定投	258.78

倍，定投的优势一下子就显现出来了。

第三个是易方达中小盘基金，定投的收益率是176.68%，而一次性投入的收益率是343.47%，一次性投入的收益率是定投的1.94倍。这一局是一次性投入获胜。

第四个是中证白酒指数基金，定投的收益率是258.78%，一次性投入的收益率是558.07%，一次性投入的收益率是定投的2.2倍，一次性投入再次胜出。

不是说定投最适合普通投资者吗？怎么这几个典型的指数基金回测数据，有的支持上面的结论，有的不支持，甚至是相反的结论呢？

如果我们看一看4只基金的收益率走势图，可能会更加直观，如图2-8所示。

仅就这4只基金进行对比，我们发现它们的收益表现分化也比较严重，虽然都是正收益，但是嘉实沪深300ETF基金和富国创业板指数基金的表现相对一般，易方达中小盘基金和中证白酒指数基金表现就比较抢眼。

对应到刚才分析的定投和一次性投入的收益率情况，我们很容易得出一个结论，那就是当投资标的表现一般的时候，定投或者一次性

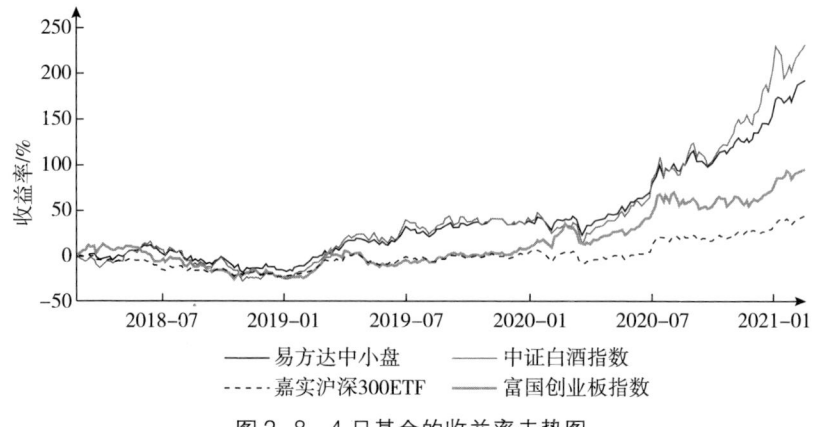

图 2-8 4 只基金的收益率走势图

资料来源：天天基金网。

投入的收益率差别不大，当投资标的表现比较好的时候，定投的收益率反而远远不如一次性投入。

之所以会出现这样的情况，是因为定投的核心理念就是"烫平"价格波动对投资收益率的影响，让收益率曲线更平滑，而不是"坑坑洼洼"的。也就是说，投资产品波动越是明显，就越适合定投。因为只有资产波动的时候，我们才有机会买入价格便宜份额更多的基金，从而获得更多筹码博取高收益。

但是这种观点并不完全正确。

从图 2-8 中我们可以看到，中证白酒指数基金波动也很大，但是如果你看定投收益率和一次性投入收益率的对比，你会发现一次性投入的收益率比定投收益率高出不少。

事实上，投资产品的价格变化包括了趋势和波动两个部分，定投主要针对的是波动部分，也就是把收益率曲线的"坑坑洼洼"变得平滑，因此会削弱趋势。所以得到以下结论。

- 向上还是向下的趋势并不明显的时候，选择定投或者一次性投入的影响并不大。
- 趋势比较明显向上的时候,定投买入的份额单价越来越贵,从而会拉低收益。
- 趋势比较明显向下的时候,定投买入的份额单价越来越便宜,从而会减少损失。

总结一下,如果你能对一个投资产品的收益趋势有很好的把握,那就不要纠结要不要选择定投了。趋势向上就一次性投入,趋势向下就持币观望。

但是,很遗憾的是,预测大盘正是最难的。如果我们能够准确判断大盘走势,那也许早就实现财富自由了。正因为我们都是普通投资者,所以我们很难判断投资产品收益的走势。

所以,我们会发现普通投资者选择定投的方式是比较安全和稳妥的,我们判断不了趋势,但是可以牺牲一些收益,至少能够保证获得比较平均的收益率,这个结果也很好。

其实也不用因为觉得定投收益没有一次性投入收益高而感到遗憾,要知道大部分人的投资周期是 3~6 个月,连坚持定投 1 年都做不到,何谈获得更高的收益呢?

至于指数基金适合定投,还是主题基金比较适合定投这个问题,答案很简单——都适合。

定投指数基金就不多说了,非常推荐大家定投指数基金,省时省力,每个月拿到工资之后就可以扣款定投,收益还挺不错,何乐而不为?

主题基金也适合定投,方法和定投指数基金比较类似。更重要的一点是,我们看好的那些股票,可以通过投资相关的主题基金来买入。

什么意思呢?

比如我们看好腾讯控股或者贵州茅台这样的股票，那么我们来看一看现在腾讯控股和贵州茅台的股票价格是多少（见图2-9）。

腾讯控股 00700.HK	贵州茅台 600519
741.000 ↓ -6.500 -0.87%	2460.00 ↓ -11.00 今开 -0.45% 昨收

图2-9　腾讯控股和贵州茅台的股票价格
资料来源：天天基金网，截至2021年2月19日。

截至2021年2月19日，贵州茅台每股价格是2 460元人民币，腾讯控股的每股价格是741元港币，约合616.6元人民币。买入一手（100股）贵州茅台的股票需要24.6万元，买入一手腾讯控股的股票需要6.2万元。

对于工薪族来讲，别说一次性拿出24万多元买贵州茅台的股票，就是拿出6万多元买腾讯控股的股票也不是那么容易的。更何况这些股票的波动性是很多普通投资者难以承受的。

而这个时候，如果你还是坚定地看好贵州茅台或者腾讯控股的股票，那么最简单便捷的策略就是买入持有这类股票的主题基金，比如消费类主题基金或者中概互联主题基金，同时采取定投的策略，就可以很轻松地买入你喜欢的投资标的。

这样一来，投资门槛降低了，同时也有不错的收入。

你理解并认同上面的结论之后，我们再讨论定投的一些技术细节就显得顺理成章了。

定投周期

我们经常说定投需要一个时间期限，毕竟基金定投是一种"方法"，而不是"目的"。后面几章会给大家介绍一些止盈的方法，现在我们仅就定投期限做个大致的范围判断。国内市场牛短熊长的特点一时半会儿是难以完全改变的，一个牛熊市场周期是 3~5 年。

所以一般来讲，基金定投 3 年及以上是一个比较稳妥的基准。尤其是刚开始定投的半年、一年时间里，定投也有可能会亏损，这样的情况需要大家有心理预期，要"拿得住"。

定投频次

按月定投比较适合工薪族，不过很多人喜欢做事情都掌握"主动权"，在基金定投上也一样。那么我直接告诉大家回测的结论——按月定投、按周定投对基金收益没有明显的影响。所以，在定投频次上，大家不要纠结。

不过，需要提醒的一点是，如果是按季度或者是半年定投一次，就有点不太靠谱。定投的目的是"烫平"波动，所以投资频次不能太低，否则你的频次对于波动的频次来讲就过于稀疏，达不到"烫平"的目的。另外，有人会问了，我每个月都在市场下跌比较明显的时候进行定投可以吗？可以的，但前提是每个月你都能判断出市场下跌幅度最大的时间节点。不过，大多数时候，我们是判断不了的，因此，也不要考虑那么多了，就按照正常的频次进行投资就好。毕竟，基金投资讲究的就是省心。

定投金额

这就因人而异了，做好投资计划和资金盘点是我们进行投资理财的前提。不过需要说明的一点是，不要因为看到基金投资比较火爆就开始大幅提高投资的金额，看到基金有波动就开始人为减少投资额度。如果这样操作就会犯下"追涨杀跌"的错误。正确的做法是，在保证日常生活开销、不影响生活品质的前提下，设定一段时期内固定的投资金额。这样一来，基金下跌不会影响生活，情绪也不会因此过于波动，基金上涨还能营造欢快的家庭氛围，岂不美哉？

指数基金与主动型基金的优劣势

指数基金是经常被推荐给大家的一类基金，主动型基金如果筛选得好，也可以为我们博取更高的收益。那么，如果这两类基金进行PK的话，谁更胜一筹呢？

指数基金和主动型基金的主要区别就在于是否进行主动管理。所谓主动管理，主要是说基金经理会根据市场变化信息，依托专业的投研团队人为进行投资操作；而被动管理的指数基金，跟踪的标的是指数，最关键的是和指数的误差要越小越好，这样一来不纳入人为因素，指数基金仅仅是客观反映大盘走向，所以算是被动。

下面，我们来详细看一看这两类基金在以下几个方面的区别。

超额收益

指数基金跟踪的是标的指数，几乎没有超额收益可言。主动型基金跟踪的不是某一个指数，而是依靠基金经理结合A股市场的特点进行操作，这样可能会获取超额收益，同时也伴随着很大的风险。因此，如果想获得市场的平均收益，建议大家投资指数基金，如果能够承受一定的风险，想获得更高的收益，那么可以选择主动型基金。

费用

对于基金经理来说，指数基金不需要做过多的策略，只要紧跟标的指数进行投资就好，因此指数基金的管理费用相对主动型基金来说要少。当然，基金管理费用少只是指数基金的一个特点，大家在投资指数基金的时候，尽量结合市场的估值信息，选择指数估值较低的指数基金进行投资。主动型基金的基金经理会经常对基金进行调仓等管理，其中包含脑力劳动的服务价值，收取的费用则相对较高。

风险

任何一项投资都会有风险，虽然很多人都推荐指数基金，但需要说明的是，指数基金本身的风险并不小。因为对于指数基金来说，由于需要严格跟踪其对应的指数，因此不论市场涨跌，都需要保持较高的持有股票仓位，无法通过基金经理的操作来规避市场中的风险。主动型基金虽然有基金经理精心运作，但是没有哪个基金经理能够在所有市场行情里游刃有余，而且基金经理也是人，总会有判断失误、情绪波动的时候，所以主动型基金的风险也不低。

虽然指数基金是通过分散持有不同公司的股票来降低风险的，主动型基金的基金经理会通过资产切换在市场波动的时候降低仓位来避免损失，但总的来看，无论是指数基金还是主动型基金的风险都是不可完全避免的。

透明度

指数基金对标的是指数，需要尽可能减少跟踪误差。同时相关指数是完全公开透明的，大家都可以查询到。主动型基金由于牵扯到基金经理的投资策略，而投资策略是各家的核心秘密，类似武功秘籍，一般不会对外公布。

从表2-6中可以看出来，指数基金和主动型基金的特点还是比较鲜明的，我们需要按照自己对收益的期望、风险承受能力等指标筛选出适合自己的基金。

表2-6 指数基金和主动型基金特点对比

名称	超额收益	费用	风险	透明度
指数基金	低	高	偏高	高
主动型基金	高	低	高	低

常见指数编制公司和主要指数

指数基金听上去好像很简单，只要按照要求选出来一些股票组成一个主题就可以了。但是一个指数要想获得市场认可，需要发布指数的机构有非常好的公信力，而且还能长期有效地管理和维护指数，这样的机构就是指数编制公司。下面，我们来看一看国内几个比较重要的指数编制公司。

中证指数有限公司

中证指数有限公司是由上海证券交易所和深圳证券交易所于2005年共同出资成立的，是一家从事指数编制、运营和服务的专业性公司，目前管理的指数有4 000个左右。我们经常提到的沪深300指数、中证500指数，都是由中证指数有限公司编制发布的。

上海证券交易所指数发布机构

上海证券交易所从1990年开始逐步建立了覆盖多种投资产品的金融体系平台，是综合性交易所。我们经常听说"6月5日，上证指数突破3 800点"等消息，其中所说的上证指数就是上海证券交易所编制发布的指数，此外上证50、上证180等指数都是我们能够经常听到的。

深圳证券信息有限公司

深圳证券信息有限公司是深圳证券交易所的下属企业，其成立的指数事业部是国内最早开展指数业务的专业化运营机构。它们有很多大家耳熟能详的品牌指数，比如中小板指数和创业板指数等。

另外，境外市场也有很多知名的指数。我们重点介绍一下美国投资市场的三大指数。

道琼斯工业指数

道琼斯工业指数是 1884 年由道琼斯公司的创始人创立的，历史非常悠久。它由在纽约证券交易所交易的 30 只具有代表性的美国大公司的股票组成，覆盖了金融、科技、娱乐等多个行业，比较客观地反映了美国股票市场的走势。麦当劳、迪士尼、耐克等企业都在道琼斯工业指数中。

标准普尔 500 指数

标准普尔 500 指数是 1957 年由标准普尔公司编制的。和道琼斯工业指数相比，标准普尔 500 指数包含的公司数量更多，它从纽约证券交易所中选出了 500 只股票。因此，我们经常称标准普尔 500 指数为"标普 500"，比如福特汽车、星巴克、强生等企业都在标准普尔 500 指数里。

纳斯达克指数

纳斯达克证券交易所是 1971 年成立于华盛顿的全球第一个电子交易市场，和纽约证券交易所地理位置距离不到 20 分钟车程，两个交易所都在纽约的曼哈顿。纳斯达克指数是一个综合股价指数，也是高科技产业的重要指数。我们所熟知的谷歌、微软等高科技企业都在纳斯达克证券交易所挂牌上市，国内的很多互联网企业赴美上市也都选择在纳斯达克证券交易所。

多只基金跟踪一个指数，如何选

指数基金的优势我们不再赘述。不过，经常有人会问的一个问题是，有多家基金公司的基金在跟踪同一个指数，要如何选择基金呢？

这里面有 3 个指标，值得大家关注。

跟踪误差

指数基金，之所以被冠以"指数"，其投资的目的就是密切跟踪指数的变化情况，而衡量跟踪效果的指标叫作"跟踪误差"。对于指数基金，跟踪误差一定是越小越好，如果跟踪误差过大，就没有跟踪的价值。

那么，在哪里可以查询跟踪误差呢？

在大的基金投资平台上，点开具体的基金页面，就可以在基金基本信息里快速查询跟踪误差。

如图 2-10 所示的这只跟踪沪深 300 指数的指数基金，跟踪误差是 0.09%。

净值估算2021-02-25 15:00	单位净值（2021-02-24）	累计净值
1.9342 ↑ +0.0108 +0.56%	1.9234 -2.42%	1.9234
近1月：-2.23%	近3月：8.93%	近6月：14.19%
近1年：33.55%	近3年：41.16%	成立来：92.34%
基金类型：联接基金｜高风险	基金规模：56.30亿元（2020-12-31）	基金经理：余海燕
成 立 日：2009-08-26	管 理 人：易方达基金	基金评级：暂无评级
跟踪标的：沪深300指数｜跟踪误差：0.09%		

图 2-10 某只基金的基本信息

资料来源：天天基金网。

我们在选择指数基金的时候，尽量选择跟踪误差小的基金。

费率

总的来讲，指数基金的管理费用要少于主动型基金。我们以易方达沪深300ETF联接A基金为例，该指数基金的管理费率是0.15%、托管费率是0.05%、持有1年以上的赎回费率是0.25%、申购费率打折之后为0.12%，总计整体的费率为0.15% + 0.05% + 0.25% + 0.12% = 0.57%。

同样的，我们看一看易方达蓝筹精选基金，它的管理费率是1.5%、托管费率是0.25%、持有1年以上的赎回费率是0.25%、申购费率打折之后为0.15%，总计整体的费率为1.5% + 0.25% + 0.25% + 0.15% = 2.15%。

可以看到指数基金和主题基金的费率差别还是比较大的，以上主题基金的费率是指数基金费率的3.7倍。

虽然指数基金的费率整体比较低，但是对于投资者来讲，我们依然要选择费率更低的产品。

基金规模

我之前说过，基金规模不是越大越好。这个主要是针对主动型基金，毕竟基金经理的能力是有边界的，规模越大，需要投资的资金更多，这对基金经理也是一种考验。

但对于指数基金来说，则是规模越大越好。因为，指数基金规模大可以带来两个好处：一方面，申购或者赎回对于这只指数基金不会造成显著冲击，进而对指数的跟踪效果影响不大；另一方面，基金规模越大，一些固定的费用（上市费、审计费）对基金的影响越小[1]。

---

[1] 腾安研究. 基金投资百问百答小红书[M]. 北京：电子工业出版社，2020.

我们来一起分析一只基金

前面介绍了很多基金的特点和需要关注的领域,下面我们来把这些知识点串联起来,将其应用到实战当中,来看一看该如何分析一只基金。

以中欧明睿新常态混合基金为例,我们看一看如何分析一只基金的基本情况。

首先,我们来看基金的名字,判断一下这只基金的投资范围。很明显,案例基金的名字中有"混合"两个字,初步判断这是一只混合基金,"中欧"二字说明这只基金是由中欧基金公司管理的。

接下来我们再来看一看这只基金的基本信息,如图2-11所示。

净值估算2021-02-10 15:00
2.770 3 ↑ +0.0683 +2.53%

单位净值(2021-02-10)
2.757 0 2.04%

累计净值
3.008 0

近1月:9.23%　　近3月:30.97%　　近6月:42.11%
近1年:75.61%　　近3年:192.70%　　成立来:237.93%

基金类型:混合型 | 中高风险　　基金规模:30.29亿元(2020-12-31)　　基金经理:周应波等
成 立 日:2016-03-03　　管 理 人:中欧基金　　基金评级:★★★★☆

图2-11　案例基金的基本信息

资料来源:天天基金网。

从图2-11中我们可以清晰地看到案例基金的以下基本信息:

基金类型:混合基金。

基金规模:30.29亿元(截至2020年12月31日)。

成立时间:2016年3月3日。

基金公司:中欧基金公司。

基金经理:周应波等。

基金评级:4星。

那么，这只混合基金里，股票和债券的占比是怎么样的呢？我们在基金的资产配置（见图2-12）里可以看到案例基金中股票、债券和现金的占比情况。

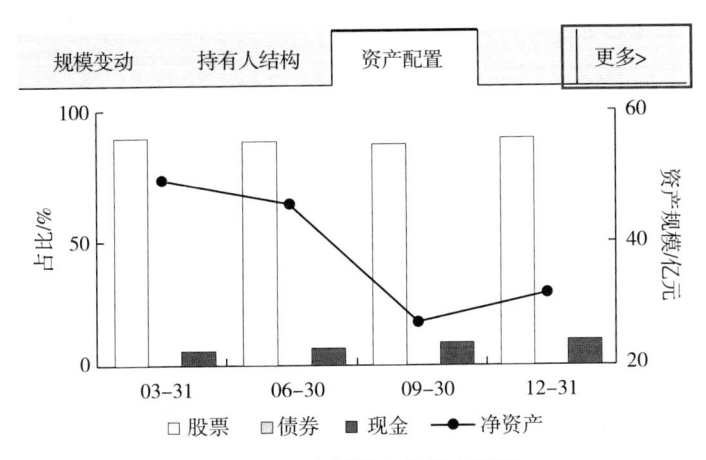

图2-12 案例基金的资产配置

注：债券占比较低，在图中未显示。
资料来源：天天基金网。

从图2-12中可以看到，这只混合基金的股票占比比较高，是一只偏股型混合基金。更详细的信息，可以点击"更多"查看，里面有每个季度的股票、债券和现金占比的详细数据。

如表2-7所示，从资产配置明细里我们看到案例基金的股票占比接近90%，债券占比在0.2%左右。

表2-7 案例基金的资产配置明细

报告期	股票占比/%	债券占比/%	现金占比/%	净资产/亿元
2020年12月31日	90.04	0.14	11.02	31.49
2020年9月30日	88.04	0.14	9.72	26.73
2020年6月30日	89.07	0.39	7.40	45.60
2020年3月31日	90.10	0.26	6.89	49.10

我们知道了基金的资产配置构成，可以看到基金投资的股票占比很高，那么这只基金的风险有多大呢？

从天天基金网的"特色数据"里可以查到关于这只基金的风险指标，如表2-8所示。

表2-8 案例基金的风险指标

基金风险指标	近1年	近2年	近3年
标准差	26.36%	22.80%	23.81%
夏普比率	1.97	2.21	1.33

资料来源：天天基金网。

从表2-8中我们可以看到，案例基金的标准差在近1年是26.36%。标准差反映的是基金收益的波动程度。标准差越小，说明基金的收益越稳定。

夏普比率反映的是每承担1单位的风险，能够获得多少高额收益。比如，案例基金的夏普比率在近1年是1.97，也就是说每承担1单位的风险，案例基金可以获得1.97个单位的超额收益。因此，夏普比率越大，基金的业绩表现就越好。

除了基金的风险指标，我们再来看一看这只基金的投资风格，如图2-13所示。

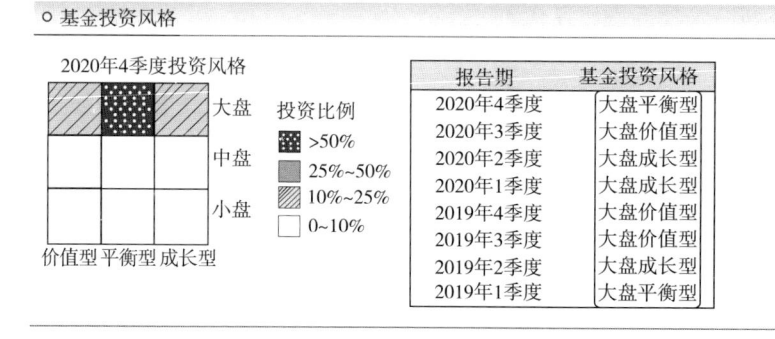

○ 基金投资风格

报告期	基金投资风格
2020年4季度	大盘平衡型
2020年3季度	大盘价值型
2020年2季度	大盘成长型
2020年1季度	大盘成长型
2019年4季度	大盘价值型
2019年3季度	大盘价值型
2019年2季度	大盘成长型
2019年1季度	大盘平衡型

投资比例：>50%，25%~50%，10%~25%，0~10%

图2-13 案例基金的投资风格

资料来源：天天基金网。

从图2-13中可以看到案例基金过去几个季度的投资风格。总的来看，案例基金在过去2年的时间里，重点投资的都是大盘股，在此基础上根据投资逻辑和市场行情，投资风格会在大盘平衡型、大盘价值型和大盘成长型之间进行切换。

我们接下来再看一看投资这只基金需要交多少手续费。

我们先来看一看案例基金的运作费率，如表2-9所示。

表2-9 案例基金的运作费率

管理费率	托管费率	销售服务费率
1.5%/年	0.25%/年	0.00%/年

基金投资期间，需要交纳管理费和托管费，这些费用会从基金的资产中每天计提。

除了市场运作需要收费，我们在买入基金和卖出基金的时候也会被收取费用，它们分别是申购费和赎回费。案例基金的申购费率和赎回费率如表2-10和表2-11所示。

表2-10 案例基金的申购费率

适用金额	适用期限	原申购费率/%	打折后申购费率/%
小于100万元	—	1.50	0.15
大于等于100万元，小于500万元	—	1.00	0.10
大于等于500万元	—	每笔1 000元	

表2-11 案例基金的赎回费率

适用金额	适用期限	赎回费率/%
—	小于7天	1.50
—	大于等于7天，小于30天	0.75
—	大于等于30天，小于365天	0.50
—	大于等于365天，小于730天	0.25
—	大于等于730天	0.00

从表2-10中可以看出，投资基金的时候我们的申购费率没有大的变化，一般都会有折扣，比如案例基金的申购费率最终为0.15%。从表2-11中可以看出赎回的时候，由于基金公司鼓励大家持有较长时间，所以持有时间越长赎回费率越低，持有超过2年的赎回不需要付赎回费。但同时，持有时间过短的话，费率就会非常高。小于7天的赎回费率达到了1.5%。

如果我们以持有案例基金大于等于30天，小于365天来计算，我们会发现投资案例基金需要支付的费率为：管理费率＋托管费率＋申购费率＋赎回费率＝1.5%＋0.25%＋0.15%＋0.5%＝2.4%。

接着，我们再来看一看大家最关心的基金收益，尤其是收益的历史业绩如何。

从最近3年的涨幅来看，案例基金近3年的涨幅达到192.70%，远超同类型基金81.89%的涨幅，也是沪深300指数51.22%涨幅的4倍（见表2-12），这里的涨幅指的是累计涨幅。

表2-12 案例基金的阶段涨幅（数据截至2021年3月20日）

	近1周	近1月	近3月	近6月	今年来	近1年	近2年	近3年
阶段涨幅	5.59%	9.23%	30.97%	42.11%	17.72%	75.61%	184.91%	192.70%
同类平均	2.00%	3.65%	12.33%	17.05%	7.40%	47.22%	95.01%	81.89%
沪深300指数	5.88%	5.68%	17.24%	22.92%	11.45%	48.31%	78.84%	51.22%
同类排名	1 341/4 196	886/4 190	303/4 043	304/3 731	415/4 177	751/3 237	394/2 048	111/2 448
四分位排名	良好	优秀	优秀	优秀	优秀	优秀	优秀	优秀

资料来源：天天基金网。

下面，我们再来按年比较一下。案例基金在 4 年多的时间里，有 3 年的涨幅是优秀，另外一年是良好。可以看出这只基金的盈利能力还是比较不错的（见表 2-13）。

表 2-13　案例基金的年度涨幅

	2020 年	2019 年	2018 年	2017 年
阶段涨幅	57.08%	66.67%	-12.14%	36.47%
同类平均	41.00%	32.00%	-13.93%	10.54%
沪深 300 指数	27.21%	33.59%	-25.31%	21.78%
同类排名	1 061/4 606	169/3 407	1 028/2 977	75/2 768
四分位排名	优秀	优秀	良好	优秀

资料来源：天天基金网。

前面也讲过多次，基金的好坏其实和基金经理关系密切。因此，我们在选择基金的时候，也要重点关注一下基金经理的情况和能力。

我们在基金经理的介绍里可以看到，案例基金经历了 3 位基金经理的管理。目前是由周应波和刘伟伟两位管理这只案例基金。其中，周应波管理时间最长，超过 4 年，并且管理期间的回报率超过 225%，非常可观（见表 2-14）。

表 2-14　案例基金的基金经理变动一览（截至 2021 年 2 月 10 日）

起始期	截止期	基金经理	任职期间	任职回报率/%
2021-02-08	至今	周应波 刘伟伟	2 天	2.16
2016-12-01	2021-02-07	周应波	4 年 69 天	225.12
2016-03-03	2016-11-30	刘明月	272 天	-4.30

那么基金经理周应波的情况是什么样的呢？

我们可以通过基金经理的介绍大概了解基金经理的基本履历，包括毕业院校、专业、从业经历等。同时也能看到基金经理目前管理的基金资产总规模以及基金回报情况。

从基金经理的基本信息可以看出，基金经理从业超过5年，管理的基金规模达到498亿元，任职期间的基金收益回报率达到了367.48%。

但是，以上信息还不足以让我们下定决心投资这只基金。前面我们说过，基金经理管理出一只优秀的基金并不难，难的是他管理的所有基金都能够取得较好的收益。下面，我们来看一看案例基金经理管理的所有基金的业绩和排名情况。

从表2-15中我们可以看到，案例基金经理管理的基金数量达到9只。管理基金的数量不算多，这是因为这9只基金中，其实有多个基金的A类和C类，如果抛开A类和C类的区别的话，案例基金经理管理的基金数实际上是5只。相对来说，基金经理有充裕的时间打理这5只基金。

从收益的角度来看，无论是该基金经理管理的新基金还是老基金，其收益都可圈可点，在同类排名中基本位列前茅。

另外，案例基金目前是由团队管理，另一位基金经理比较年轻，其投资风格如何，能否保持之前的投资收益，都需要投资者再仔细分析其履历和从业经验。

以上只是一个案例，为了让大家了解如何去查阅一只基金的详细情况，并不代表我推荐买这只基金。"授人以鱼"不如"授人以渔"，掌握其中的方法，选择自己心仪的基金，比听来一组代码就随意上车更踏实。

要拿出多少钱来投资理财

我们要拿出多少钱来进行投资呢？全部资金，一半资金，还是1/3的资金？

表2-15 案例基金经理管理基金的业绩与排名（数据截至2021年3月20日）

基金代码	基金名称	基金类型	近3月	同类排名	近6月	同类排名	近1年	同类排名	近2年	同类排名	今年来	同类排名
501208	中欧创新未来18个月封闭混合	混合型	—	—/4 043	—	—/3 731	—	—/3 237	—	—/2 804	—	—/4 177
010213	中欧互联网先锋混合A	混合型	33.63%	186/4 043	—	—/3 731	—	—/3 237	—	—/2 804	22.82%	93/4 177
010214	中欧互联网先锋混合C	混合型	33.46%	194/4 043	—	/3 731	—	—/3 237	—	—/2 804	22.74%	96/4 177
007101	中欧远见两年定开混合C	混合型	34.22%	244/4 043	38.67%	514/3 731	72.77%	946/3 237	—	—/2 804	19.21%	344/4 177
166025	中欧远见两年定开混合A	混合型	34.42%	255/4 043	39.09%	489/3 731	73.82%	909/3 237	—	—/2 804	19.29%	335/4 177
005765	中欧明睿新常态混合C	混合型	30.72%	324/4 043	41.61%	324/3 731	74.29%	800/3 237	180.31%	425/2 804	17.60%	430/4 177
001811	中欧明睿新常态混合A	混合型	30.97%	303/4 043	42.11%	304/3 731	75.61%	751/3 237	184.91%	394/2 804	17.72%	415/4 177
004241	中欧时代先锋股票C	股票型	31.36%	75/1 466	42.98%	90/1 399	74.97%	199/1 220	182.89%	133/925	18.96%	65/1 526
001938	中欧时代先锋股票A	股票型	31.62%	71/1 466	43.56%	81/1 399	76.37%	186/1 220	186.81%	126/925	19.07%	62/1 526

过去，我们经常听到用"100－年龄"来计算每个人要拿出多少钱进行投资。

假如小明今年35岁，那么100－35＝65，也就是说小明可以用自己资金的65%来进行投资理财。

这个办法简单明了，但是也比较粗糙，没有针对性。

在"100－年龄"这个公式的基础上，我们结合每个人的实际，给出一个新的公式，方便大家根据自身的情况来配置投资理财的资金。

我们先来看一看这个公式：

理财账户资金 =（闲置资金总额 - 生活备用金）×
**　　　　　　（100 - 年龄 + 可承担风险系数）%**

下面简单介绍一下这个公式里的各个指标。

- 闲置资金总额：这个很好理解，就是我们现在有多少钱可以用来投资理财，注意，是闲置资金，不包括我们用于基本生活的资金部分。
- 生活备用金：就是我们经常讲的未来3~6个月的生活费，作为家庭应急备用的钱，这个容量的资金不建议用来进行激进式的投资，可以放在货币基金、短期债券基金里，或者购买随时可取的银行理财产品，保证能够在需要用的时候赎回使用，以备家庭不时之需。
- 100－年龄：这个在前面简单介绍过，随着我们年龄的增长，投资理财更多的是要求稳，因此年龄越大，用来投资的钱就要越少。我们可以根据实际年龄来计算。
- 可承担风险系数：在这个公式里面，最重要的一个因素是"可承担风险系数",从名称上看,大家就会发现它与每个人的风险承受能力有关系。

风险承受能力因人而异,而且是一个综合衡量的指标,与我们每个人的家庭情况、个人资产情况和工作都密切相关。

那么我们应该如何评估自己的可承担风险系数呢?针对大多数人常见的生活状态,我制作了一个风险承受能力分类与计算表(见表2-16),供大家参考,来计算自己的风险承受等级和分数。

表2-16 风险承受能力分类与计算表

分数	10分	8分	6分	4分	2分
就业状况	公务员或事业单位	上班族	自由职业	自营事业	待业
家庭负担	未婚	双薪无子女	双薪有子女	单薪无子女	单薪有子女
置业情况	投资不动产	自住房无贷款	房贷小于50%	房贷大于50%	无自住房
投资经验	10年以上	6~10年	2~5年	1年以内	无
理财知识	专业资质	财经专业毕业	研究心得	了解一些	无
年龄	25岁以下50分,每多1岁,在50分基础上少1分,75岁以上0分				

表2-16中主要包含6个方面(就业状况、家庭负担、置业情况、投资经验、理财知识和年龄)的评估。每一个项目都对应不同的状态,同时不同的状态会有对应的分值(从2分到10分不等)。我们可以按照自己的实际情况来计算对应的分数,然后把这几个单项分数加总求和即可。

假如我今年35岁,在事业单位工作,妻子在企业上班,目前还没有孩子,家里有一套自住房,虽然不是科班出身,但是对理财颇有研究,已经投资基金6~7年了。

那么我的风险承受能力有多大呢?

- 公务员和事业单位稳定性相对较高,少了很多后顾之忧,因此在就业状况上得分是 10 分。
- 夫妻两人都在工作,生活压力和负担不是很大,家庭负担得分是 8 分。
- 目前有自己的住房,不用还贷款,置业情况得分是 8 分。
- 从 2013 年开始投资,目前已经有 7 年左右的时间了,投资经验还是比较丰富的,得分是 8 分。
- 不是专业理财师,也不是科班出身,在理财知识上得分是 6 分。
- 35 岁正当壮年,按照 50 - (35 - 25) = 40,年龄得分是 40 分。

所以我的风险承受能力得分 = 10(就业状况) + 8(家庭负担) + 8(置业情况) + 8(投资经验) + 6(理财知识) + 40(年龄) = 80。

那么,80 分在风险承受等级里属于什么级别呢?相应的可承担风险系数得分又是多少?

我们把风险承受等级按照前面的分数进行分级,不同等级对应的可承担风险系数得分不一样(见表 2-17)。

表 2-17 风险承受等级与可承担风险系数得分表

风险承受能力得分	0~19 分	20~39 分	40~59 分	60~79 分	80~100 分
风险承受等级	很低	低	一般	高	较高
可承担风险系数得分	-20	-10	0	10	20

从表 2-17 中我们可以发现,可承担风险系数得分在 -20 分到 20 分之间。风险承受能力越低,可承担风险系数得分也越低。

根据上面案例测算出来我的得分是 80 分,对应的风险承受等级是较高级,可承担风险系数得分是 20 分,也就是说可用于投资的比例是正向往上增加的,在所有资产中有更高比例的资金适合用于投资。

假如我有10万元闲置资金可以投资，扣除未来3~6个月可能需要花费的2万元生活备用金，那么我最后可以用来投资理财的金额是多少呢？

我们把刚才测算的结果套入公式当中，来看一看计算结果：

理财账户资金 =（闲置资金总额 – 生活备用金）×（100 – 年龄 + 可承担风险系数）% =（100 000 – 20 000）×（100 – 35 + 20）% = 68 000（元）

也就是说，经过测算，我可以拿出68 000元进行投资理财，扣除生活备用金和理财账户资金，我还剩下100 000 – 20 000 – 68 000 = 12 000元。

这是什么钱呢？

这部分资金属于必须用来保底的钱，它需要扛住我的生活风险。可以用于国债、固收+类等风险较低的投资当中。

关于理财账户资金的计算，大家可以按照上面的公式以自己实际情况计算一下，看一看自己有多少钱可以用来投资理财。

最后需要跟大家说明的是：

- 虽然我们的方法让传统的"100 – 年龄"公式更加科学、严谨，但是不可否认的是，年龄在其中还是起到了关键作用。年轻人可以用更多资金来进行投资，即使失败了也有很多时间翻盘。年纪比较大的时候，我们就需要保守一点，确保本金的安全才是最关键的。
- 公式不是一成不变的，它只适用于当下。我们需要根据自己和家庭的实际情况，定期进行评估并做出相应的调整。

第三章

那些值得关注的垂直领域基金

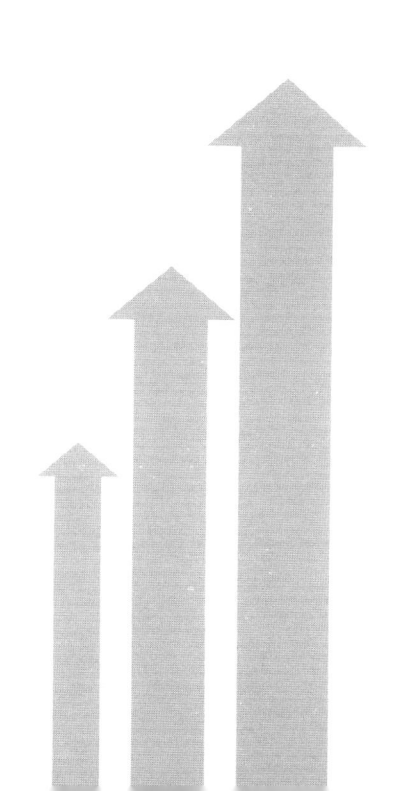

博取高收益的主题基金

主题基金因其高收益率一直是大家关注的焦点。主题基金通常是指集中投资于某一个行业、某一个区域、某一个策略或者某一个主题的股票基金。一般情况下，基金合同中会规定基金非现金资产的80%需要投资在某个特定行业或者主题。

主题基金因为聚焦某一个行业或者概念，所以收益会和特定行业或者概念的发展情况高度关联，同时基金的波动也会比较大。这或许也是主题基金吸引大家投资的原因。

那么，都有哪些行业的主题基金呢？主题基金涵盖的行业非常多，比如金融、房地产、医药、消费等，还有一些热点主题，比如5G、大湾区等。常见的行业主题基金主要涉及领域见表3-1。

表3-1 主题基金主要涉及领域一览

序号	行业	序号	行业	序号	行业	序号	行业
1	TMT	5	银行	9	基建	13	证券
2	传媒	6	地产	10	交运	14	军工
3	电子	7	钢铁	11	金融	15	农业
4	价值	8	煤炭	12	龙头	16	商品

（续表）

序号	行业	序号	行业	序号	行业	序号	行业
17	消费	25	有色	33	原材料	41	食品饮料
18	家电	26	MSCI	34	民营企业	42	文体娱乐
19	汽车	27	大数据	35	5G	43	区域概念
20	能源	28	半导体	36	保险	44	社会责任
21	医药	29	国企改革	37	金融地产	45	新兴产业
22	生物	30	红利股息	38	人工智能	46	"一带一路"
23	养老	31	基本面	39	高端制造	47	其他
24	资源	32	互联网	40	环保新能源		

通过表3-1，大家可以看到行业主题基金涉及的领域非常多，甚至很新潮，微博有热搜，行业主题基金也有热点领域。

有一句话大家可能都听说过，"在风口上，猪都能飞起来"。这句话用在投资理财方面，其实就是希望我们在具备了基本的投资能力之后，可以顺应市场变化，这样成功的概率就会更大。同理，主题基金选对了，赚钱的概率也会变得很大。但需要注意的是，市场风格轮换的时候，主题基金的波动或许也会很剧烈。

因此，在这么多主题基金里，那些蹭热点的主题基金的收益率其实并不比实实在在的普通主题基金的收益率高。

我们如果想投资主题基金，至少要在以下两个方面做足功课。

- 实效性：不是空玩概念，而是有真正实际效果。有些基金为了追逐热点，在基金名字里添加了很多热词，比如基金名字里带有"区块链"等关键词，但实际持仓和操作与区块链基本没有太大关系。这样的基金大家需要谨慎选择，防止踩雷。
- 长效性：具有持续发展前景的，不能是昙花一现的。比如我们经常打交道的食品饮料和医疗健康领域是每个人都离不开的。

比如国家未来发展需要的新能源领域、碳中和领域，会对我们的生活产生巨大的影响，这些都是经久不衰的话题，它们就是典型的长效性主题。

哪些行业的基金收益更好

前面一节，我们介绍了目前市场里有很多不同的主题和主题基金。可以说，当我们评价一只基金的时候，它所投资的领域是一个重要参考指标。因为不同行业的投资收益差别很大，选对行业从某种意义上讲就是拿到一半的收益。

A股市场有很多主题，由于篇幅有限没有办法一一讲解，我把目前关注度比较高的领域进行梳理和分类，总结出以下11个值得大家关注的方向：医药生物、计算机、有色金属、农林牧渔、食品饮料、国防军工、传媒、银行、房地产、非银金融、偏股型基金。

那么这些领域在过去这些年的表现如何呢？

我们来回测一下2010—2020年的数据，看一看这11个领域的表现。从表3-2中我们可以发现，虽然每年的冠军主题基金千差万别，但还是蕴藏着一些规律。

- 食品饮料是必需消费品，在过去11年中，有4次位居年化收益率第一，有两次位居第二。可以说食品饮料作为每个人每天都需要消费的内容，使该行业妥妥地成为穿越牛熊市的优势行业。
- 计算机行业作为科技产业代表，在过去11年中，有1次位居年化收益率第一，3次位居年化收益率第二，表现也是可圈可点。

表 3-2 垂直领域指数的涨幅情况

2010年	2011年	2012年	2013年	2014年	2015年	2016年	2017年	2018年	2019年	2020年	11年收益率
26.69% 医药生物	-4.85% 银行	31.13% 房地产	107.02% 传媒	121.16% 非银金融	100.29% 计算机	7.43% 食品饮料	53.85% 食品饮料	-14.67% 银行	72.87% 食品饮料	59.33% 食品饮料	419.52% 食品饮料
26.44% 计算机	-10.37% 食品饮料	28.10% 非银金融	66.95% 计算机	65.28% 房地产	76.74% 传媒	-4.93% 银行	17.30% 非银金融	-21.95% 食品饮料	48.04% 计算机	42.35% 偏股型基金	193.57% 医药生物
22.10% 有色金属	-22.00% 房地产	14.48% 银行	36.56% 医药生物	63.18% 银行	66.77% 农林牧渔	-6.17% 有色金属	15.39% 有色金属	-22.44% 农林牧渔	45.51% 非银金融	40.27% 国防军工	184.82% 计算机
21.06% 农林牧渔	-22.36% 传媒	13.64% 有色金属	33.35% 国防军工	53.89% 国防军工	56.68% 医药生物	-8.58% 农林牧渔	14.12% 偏股型基金	-23.58% 偏股型基金	45.45% 农林牧渔	37.13% 医药生物	160.66% 偏股型基金
20.81% 食品饮料	-22.7% 偏股型基金	8.47% 医药生物	17.29% 农林牧渔	40.31% 计算机	44.85% 房地产	-13.03% 偏股型基金	13.28% 银行	-24.53% 计算机	45.02% 偏股型基金	26.06% 有色金属	85.33% 农林牧渔
18.83% 国防军工	-30.89% 医药生物	3.65% 偏股型基金	12.73% 偏股型基金	38.39% 有色金属	43.17% 国防军工	-13.46% 医药生物	3.56% 医药生物	-25.37% 非银金融	36.85% 医药生物	14.31% 农林牧渔	64.52% 国防军工
5.31% 偏股型基金	-31.18% 农林牧渔	-0.74% 食品饮料	-4.80% 非银金融	22.64% 偏股型基金	28.50% 国防军工	-14.69% 非银金融	0.80% 房地产	-27.67% 国防军工	27.19% 国防军工	11.97% 传媒	37.18% 银行
-2.72% 传媒	-31.92% 非银金融	-4.52% 计算机	-7.36% 食品饮料	17.53% 传媒	26.58% 食品饮料	-17.69% 房地产	-11.26% 计算机	-28.79% 房地产	24.27% 有色金属	11.07% 计算机	31.74% 非银金融

（续表）

2010年	2011年	2012年	2013年	2014年	2015年	2016年	2017年	2018年	2019年	2020年	11年收益率
-22.50%	-33.09%	-5.05%	-9.19%	16.27%	15.38%	-18.58%	-12.62%	-31.04%	22.93%	5.77%	31.01%
银行	国防军工	农林牧渔	银行	农林牧渔	有色金属	国防军工	农林牧渔	国防军工	银行	非银金融	传媒
-24.16%	-34.46%	-5.39%	-11.94%	16.03%	-1.36%	-30.32%	-16.65%	-39.58%	22.75%	-1.58%	13.43%
房地产	计算机	传媒	房地产	食品饮料	银行	计算机	国防军工	传媒	房地产	银行	房地产
-24.89%	-41.81%	-5.66%	-29.64%	16.02%	-16.90%	-32.39%	-23.10%	-41.04%	21.20%	-4.80%	-9.27%
非银金融	有色金属	国防军工	有色金属	医药生物	非银金融	传媒	传媒	有色金属	传媒	房地产	有色金属

资料来源：万得资讯，2010年1月1日—2020年11月27日；选取申万一级主要行业指数，万得偏股型基金指数。

- 领域不同，导致不同的基金收益存在较大差距。拉长来看，11年的年化收益率排名里，食品饮料行业、医药生物行业、计算机行业分别位列第一、第二、第三。很明显这3个领域的基金有穿越牛熊市的特质。排名第一的食品饮料行业11年的收益率达到419.52%，而排名垫底的有色金属行业11年的收益率仅为-9.27%，两者的差距非常大。

因此，选择一个好的赛道或者投资领域，对理财收益的影响是显而易见的。下面会着重介绍几类典型的垂直领域的相关基金。

消费类垂直领域基金

为什么消费类基金可以穿越牛熊市

我们经常说"民以食为天"，吃饭是大事。所有人每天都会面临两个问题，那就是：什么时候吃、吃什么。正因如此，消费领域是基金投资领域一个非常重要的方向。

消费领域分为主要消费和可选消费。

我们先来看一看主要消费。主要消费和每个人的生活密切相关，而且具有必需、高频和重复消费的特征，其中最重要的一类就是食品饮料。

我们以上证消费指数为例，看一看主要消费都包含哪些股票（见表3-3）。

可以看到，上证消费指数前十大权重股纳入的股票全是主要消费股票，其中有酒类（贵州茅台、山西汾酒、今世缘、重庆啤酒、青岛啤酒）、调味品（海天味业、中炬高新）、超市（永辉超市）、奶类（伊利股份）、肉类（通威股份）。细心的读者可能已经发现，在主要

表3-3　上证消费指数十大权重股（截至2021年2月26日）

代码	简称	行业	权重/%
600519	贵州茅台	主要消费	16.22
600887	伊利股份	主要消费	14.90
603288	海天味业	主要消费	13.14
600438	通威股份	主要消费	10.94
600809	山西汾酒	主要消费	9.41
603369	今世缘	主要消费	2.66
600132	重庆啤酒	主要消费	2.52
600872	中炬高新	主要消费	2.49
600600	青岛啤酒	主要消费	2.44
601933	永辉超市	主要消费	2.37

消费前十大权重股中，酒类企业的数量占比达到一半。

主要消费指数有一个特点就是可以穿越牛熊市，这是因为这些上市公司生产的消费品，不容易受到外部经济环境和周期变化的影响与干扰。因为在每个人的各种需求中，主要消费行业对应的企业可以满足吃、喝、用等基本需求，需求的长期存在保证了相应行业可以稳步发展。统计数据显示，经济危机或者贸易摩擦等对主要消费行业的影响要远小于其他行业。

除了主要消费，还有一类消费叫作可选消费。可选消费更多的是提升生活品质的消费，比如汽车、旅游、家电，这些产品即使没有，也对我们的生活影响不大。

估计很多人都知道马斯洛需求层次论，它把人的需求递进分为生存需求、安全需求、情感需求、自尊需求和自我实现需求。

如果把马斯洛需求和主要消费、可选消费做个对比，我们会发现，主要消费对应的是马斯洛需求层次论中的生存需求和安全需求，可选消费对应的是较高层次的需求。正常情况下，人们只有在主要消费的需求被满足之后，才会追求更高层次的需求，进而会带动细分行业和相关企业业绩的快速增长。

比如20世纪80年代的冰箱、电视和洗衣机，20世纪90年代的空调、电脑和录像机，再到21世纪的房子、车子，这些绝大多数都可以被归为当时所处时代的可选消费品中。

我们以中证可选消费指数作为可选消费的代表，来做一个详细的分析（见表3-4）。

表3-4 中证可选消费指数十大权重股（截至2021年2月26日）

代码	简称	行业	权重/%
601888	中国中免	可选消费	20.32
600690	海尔智家	可选消费	10.37
600104	上汽集团	可选消费	7.06
600660	福耀玻璃	可选消费	6.29
600741	华域汽车	可选消费	3.85
601633	长城汽车	可选消费	3.61
601966	玲珑轮胎	可选消费	2.74
603833	欧派家居	可选消费	2.57
601799	星宇股份	可选消费	2.50
603486	科沃斯	可选消费	2.27

可以看到，中证可选消费十大权重股和我们的"消费升级"密切相关，但和基本的衣食需求关系并不大。

比如说中国中免，其主要聚焦免税商品，大家经常可以在国际机场或者海南看到这样的免税店，是否购买免税商品并不会影响我们的基本生活，我们也不会因为买不到免税商品而生活不下去；上汽集团、华域汽车、长城汽车大家应该一眼就能看出来是汽车企业，大家对私家车并不陌生，但是即使不买汽车我们也可以通过搭乘公共交通工具出行，从资产和负债这个角度来考虑，我也没有购买汽车。海尔智家、欧派家居主要聚焦家居，这个就更因人而异，我们家里没有扫地机器人的话可以自己动手打扫卫生。家居装修档次可选性很大，选择高档家居产品可以提高生活品质，但这不是必需的。

主要消费与可选消费有哪些区别呢？我们可以从这几个方面来考虑。

- 周期性。可选消费的刚性需求并不强，尤其是当我们的收入减少或者预期未来经济处于低迷状态的时候，大家首先就会砍掉可选消费的支出。比如我们会减少购买奢侈品，换车计划也会推迟甚至暂停。而一旦经济好转，大家的可选消费需求就会快速恢复，因此可选消费对应的行业受经济变化和波动的影响更敏感、更强烈，周期相对而言也就比较短。而主要消费是每个人生活所必需的开支，因此相对于可选消费，主要消费的周期较长，对经济变化不敏感。

- 科技性。可选消费本质上讲是技术与时代的结合，随着技术的不断进步，可选消费产品也会产生较为明显的变化。比如汽车，最初是"蒸汽机+椅子"，之后变为"发动机+沙发"，再之后变为"房子+电池"，在可预见的未来，汽车有望变为"房子+计算机"。汽车的科技含量不断提升。相对来讲，主要消费随时代发展趋势的变化不是很大，虽然种类丰富了，但本质上吃的还是吃的，穿的还是穿的。

- 成长性。可选消费其实代表着整个社会的"消费升级"水平，引领更高层次的消费需求，可选消费的增加将改善大家的生活质量，提升我们的生活舒适度。过去20年，美国的教育和医疗支出快速增长，在行业细分领域处于领先优势。2019年，我国人均 GDP 突破 1 万美元，从其他国家的发展路径和规律来看，我国也将在汽车、教育和医疗等领域开始进入快速成长期。

消费类及细分行业被动指数基金

介绍完主要消费和可选消费，下面我们来看一看其对应的指数。由于消费类指数较多，我们重点介绍上证消费、中证消费、全指消费、上证可选、中证可选、全指可选、消费 80 这 7 个指数。

- 上证消费：选择上海证券市场主要消费行业股票，以反映该行业公司股票的整体表现。
- 中证消费：由中证 800 指数样本股中的主要消费行业股票组成，以反映该行业公司股票的整体表现。
- 全指消费：从中证全指样本股主要消费行业内选择流动性和市场代表性较好的股票构成指数样本股，以反映沪深两市主要消费行业内公司股票的整体表现。
- 上证可选：选择上海证券市场可选消费行业股票，以反映该行业公司股票的整体表现。
- 中证可选：由中证 800 指数样本股中的可选消费行业股票组成，以反映该行业公司股票的整体表现。
- 全指可选：从中证全指样本股可选消费行业内选择流动性和市场代表性较好的股票构成指数样本股，以反映沪深两市可选消费行业内公司股票的整体表现。
- 消费 80：由沪市 A 股中规模大、流动性好的 80 只主要消费、可选消费和医药卫生类公司股票组成，用以反映沪市 A 股中消费类股票的整体表现。

以上指数对应了很多指数基金，我筛选出一些有代表性的指数基金（见表3-5）。

表3-5 具有代表性的指数基金（截至2021年2月27日）

主题	被动指数基金	成立时间	规模/亿元
主要消费	华夏消费ETF（510630）	2013年3月28日	4.02
	汇添富中证主要消费ETF联接A（000248）	2015年3月24日	50.95
	嘉实中证主要消费ETF联接A（009179）	2020年4月22日	0.60
可选消费	广发中证全指可选消费ETF联接A（001133）	2015年4月15日	2.52
消费80	招商上证消费80ETF联接A（217017）	2010年12月8日	2.50

由于中证可选、全指可选、全指消费没有对应的指数基金，因此可选消费由广发中证全指可选消费ETF联接A基金来代表，下面我们来看一看这几只消费类的指数基金表现如何。

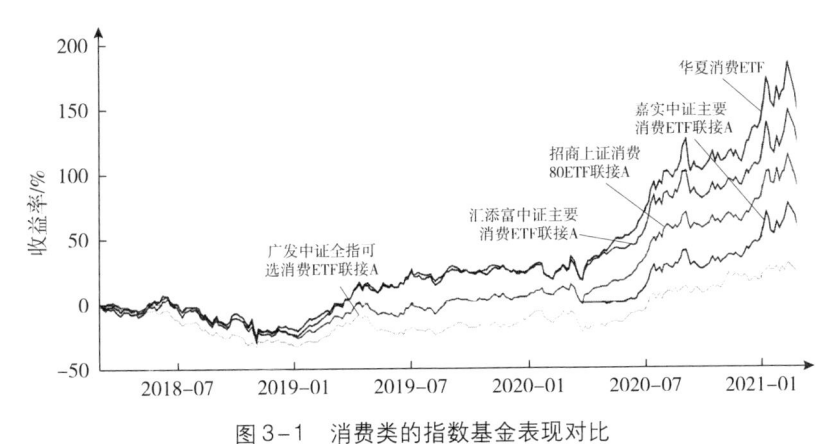

图3-1 消费类的指数基金表现对比

资料来源：天天基金网，截至2021年2月27日。

从图3-1中可以看到，以上几只消费类指数基金的波动趋势比较一致，3年的收益率曲线在2019年后开始出现分化，尤其是在2020年之后分化趋势相对更加明显。那么消费类指数基金和我们经常说的宽基指数基金比较，孰强孰弱呢？

由于华夏消费ETF指数基金是场内基金，我们以汇添富中证主要消费ETF联接A基金作为案例基金，来和主要的宽基指数基金沪深300指数和中证500指数基金再做一个对比，来看一看中证主要消费指数基金是否还能够跑赢我们经常说的宽基指数基金（见图3-2）。

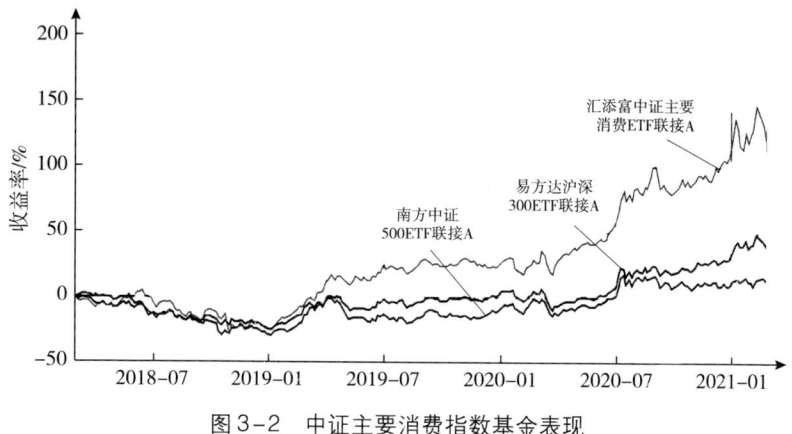

图3-2 中证主要消费指数基金表现

资料来源：天天基金网，截至2021年2月27日。

我们回测了过去3年的数据，大家可以很明显地看到中证主要消费指数基金的走势完胜沪深300指数基金和中证500指数基金。

需要指出的是，中证消费指数是由中证800指数样本中的主要消费行业股票组成，而中证800可以看作沪深300与中证500的集合。也就是说，中证消费是从沪深300指数和中证500指数里选择出来的，能很好地体现这两只宽基指数基金的优势。

总结一下就是，在牛市的时候，中证消费指数上涨不输成长型的中证500指数，而下跌也可以和大盘股云集的沪深300一样"克制"。

消费类及细分行业主题基金

改革开放40多年来，我们的消费早已经跨越了以轻工业产品为主的第一次消费升级和以高端制造产品为主的第二次消费升级，目前正向以服务产品为主的第三次消费升级迈进。因此，多样化的新消费方式升级将酝酿大消费市场。所以，消费对于国家和个人都是非常重要的事情，反映到资本市场或者说基金投资领域，我们已经看到消费类指数基金的高收益，那么对应的消费类主题基金表现又如何呢？我们筛选了部分具有代表性的消费类主题基金，来看一看它们的表现（见表3-6）。

表3-6 具有代表性的消费类主题基金（截至2021年2月27日）

序号	基金名称	成立时间	规模/亿元
1	易方达消费行业股票（110022）	2010年8月20日	347.10
2	汇添富消费行业混合（000083）	2013年5月3日	176.96
3	富国消费主题混合A（519915）	2015年6月18日	56.10
4	万家消费成长（519193）	2017年2月23日	20.91
5	国泰消费优选股票（005970）	2018年1月17日	2.15
6	富国品质生活混合（006179）	2019年3月20日	16.60
7	嘉实回报混合（070018）	2009年8月18日	7.56

可以看到消费类的主题基金还是很多的，我们经常听到的易方达消费和汇添富消费等在业内比较有名，同时它们的基金规模都已经破百亿元，易方达消费行业基金规模甚至已经突破了300亿元。另外，也有聚焦大消费领域的基金，囊括食品饮料，并把互联网、医药等面向大众领域的企业也纳入其中的嘉实回报混合基金。可以说消费领域的丰富进而催生了更多不同细分领域的消费主题基金。下面我们来看一看它们的收益如何（见图3-3）。

图3-3 不同细分领域消费主题基金的表现对比
资料来源：天天基金网，截至2021年2月27日。

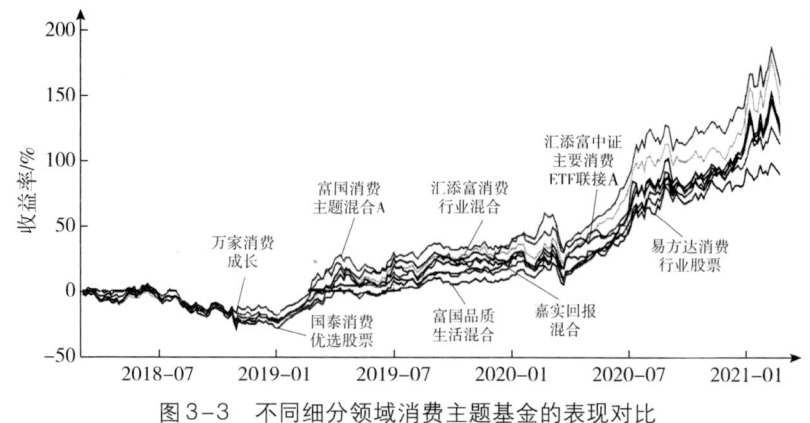

在图3-3中，我们还增加了汇添富中证主要消费ETF联接A指数基金，看一看这些消费类主题基金是否能跑赢指数基金，从中我们发现几个比较有意思的现象：

- 指数基金表现并不是特别差，甚至是可圈可点，收益位居对比的几个基金的中游。汇添富中证主要消费ETF联接A指数基金3年的收益率超过115%。
- 收益最好的并不是知名度较大的汇添富或者易方达的消费类主题基金，反而是富国消费主题基金，富国消费主题混合A基金3年的收益超过148%，位居基金收益回测的首位。

基金历史收益高当然值得大家开心，但是我们在选择的时候，还需要看基金经理的稳定性，比如有些基金虽然由比较知名的基金经理操盘，但是为了培养新人也会出现"明星基金经理+新基金经理"共同管理一只明星基金的情况，新基金经理有可能在未来全面管理这只基金，这种情况就需要仔细观察和分析明星基金能否保持较好的收益，也需要认真评估其投资理念和方向是否会变化。

同时，前面也讲到主动型基金的规模不是越大越好。基金规模较大的基金会有指数化的倾向，毕竟钱多了之后，基金经理不可能一直存着不投资，所以规模过大的基金很难像规模相对适中的基金那样灵活，收益也会跟着受影响。如果看好某个基金经理，但是他管理的明星基金已经规模很大，这个时候我们可以考虑看一看这位心仪的明星基金经理管理的其他基金，这样既可以选择投资思路类似的基金，同时还能避免基金规模过大带来的风险。

另外，筛选基金的时候也要看机构投资者的持仓比例，前面介绍过，这可以从侧面印证一下该基金是否得到专业机构的青睐。

白酒与食品饮料板块

前文介绍主要消费概念的时候提到主要消费里有两个特定领域，一个是食品饮料板块，另一个是白酒板块。下面，我就延续消费行业的内容，再带大家看一看这两个细分板块有什么特点。

我们先来看白酒板块。中国是人情社会，人情社会免不了吃饭喝酒，很显然，酒在国人心中的地位不可撼动，即便很多人说80后、90后不太爱喝酒，但是这并不影响白酒的销量。

在中证指数里涉及酒类的指数有两个，分别是中证酒指数、中证白酒指数。两者的区别在于，中证酒指数不仅包括白酒酿造企业，还囊括了沪深市场上啤酒、葡萄酒的酿造企业。中证白酒指数就很好理解，聚焦白酒酿造企业。下面，我们来看一看中证白酒指数对应的基金都有哪些（见表3-7）。

表3-7 中证白酒指数对应的基金（截至2021年2月27日）

主题	被动指数基金	成立时间	规模/亿元
酒类	招商中证白酒指数（LOF）A（161725）	2015年5月27日	568.47
	鹏华酒A（160632）	2015年4月29日	50.54

再来看食品饮料板块。需要说明的是，食品饮料板块是包含酒类的，所以我们在分析食品饮料板块的基金时，会发现白酒在其中也是占据大头。我们来整体看一看食品饮料板块都包含哪些指数基金（见表3-8）。

表3-8 食品饮料板块的指数基金（截至2021年2月27日）

主题	被动指数基金	成立时间	规模/亿元
食品饮料类	天弘中证食品饮料指数A（001631）	2015年7月29日	15.08
	国泰国证食品饮料行业（LOF）（160222）	2014年10月23日	81.78
	银华食品饮料量化股票发起式A（005235）	2017年11月9日	1.72

由于消费类板块的核心就是食品饮料类，而食品饮料类的核心就是酒类，所以从某种意义上说，这几方面是可以放在一起比较的。

为此，我们结合前面章节介绍的内容，把汇添富中证主要消费ETF联接A指数基金和富国消费主题混合A基金分别作为消费类指数基金和消费类主题基金的代表，来和刚才介绍的酒类指数基金、食品饮料类指数基金进行对比，看一看它们的收益如何（见图3-4）。

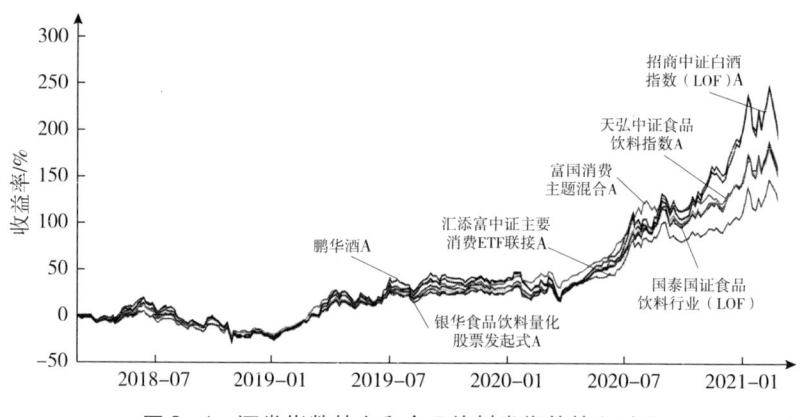

图3-4 酒类指数基金和食品饮料类指数基金对比
资料来源：天天基金网。

从图3-4中可以看到，在2020年上半年及之前，参与评测的基金表现基本相同，几只基金的收益率曲线甚至可以看成一条，但是进入2020年下半年，招商中证白酒指数（LOF）A基金和鹏华酒A基金开始逐渐和其他基金拉开差距。

这一点也和2020年下半年以来的市场变化相吻合，毕竟以上两只酒类指数基金，是"酒精"浓度最高的指数基金，其他基金或多或少还含有食品、调味品等其他股票。

当然，虽然2020年下半年以来酒类指数基金收益更高，但是酒类基金下跌起来也绝不示弱，甚至比其他板块跌得更多。尤其是在2021年年初的一轮下跌，跌幅非常惊人。

也正因为酒类指数基金的波动比较大，所以想投资消费行业基金，你需要有承受很高风险和波动的能力，同时这类基金更适合开启你的定投之旅。

TMT类垂直领域基金

说实话，科技板块的重要性，如同国运一般重要。

2020年中央经济工作会议提到了2021年首要重点任务就是"强化国家战略科技力量"，并提出了非常明确的要求"要充分发挥国家作为重大科技创新组织者的作用，坚持战略性需求导向，确定科技创新方向和重点，着力解决制约国家发展和安全的重大难题"。

将科技创新上升到国家战略高度，可见其重要性。

具体来看，在科技板块里，比如我们很关心的半导体行业，每年的进口额就要超过2万亿元，如果国产化稳步推进，大家可以想象一下该板块的空间有多大。

半导体，这个名字让我们想到过去的老旧收音机，似乎有点落后的感觉。其实不然，现代的半导体产业包含我们时下最流行的芯片、5G 等研究领域，是最尖端的科学技术之一。半导体也是支撑电子产品的关键，大到几百吨重的火箭，小到电脑、手机、运动手环，我们对半导体的需求量只会越来越多。

未来的世界是虚拟和现实融合的世界，这就意味着，我们需要高效快速的移动网络将整个物理世界连接起来，以及通过各种半导体芯片构建庞大的虚拟世界。同时，不同芯片又会产生大量的数据，这些数据需要人工智能、5G、数据中心进行分析、传输和存储，整个科技产业在未来 10 年将是国家发力的重点。

那么对应到基金投资，会是哪些领域呢？下面将详细介绍一下 TMT 行业。

TMT 及细分行业被动指数基金

TMT 是科技（Technology）、媒体（Media）和电信（Telecom）3 个英文单词的首字母缩写。从这几个关键词中大家就能发现 TMT 行业包括了互联网科技、媒体和信息通信行业，以及这些前沿科技相互融合所产生的数字经济产业。

我们再来看一看 TMT 指数的定义。

中证指数公司构建的中证 TMT 产业主题指数是这样定义的：由 TMT 产业中规模较大、流动性较好的 100 只公司股票组成，反映 A 股上市公司中数字新媒体相关产业公司股票的走势。

我们再从权重的角度来看一看，如图 3-5 所示。

从中证 TMT 产业主题指数权重分布上，我们可以看到 TMT 主题指数在上海证券交易所和深圳证券交易所的权重占比大约是 4∶6。主要包含信息技术、电信业务、可选消费等有代表性的上市公司，其中信息技术类公司权重最高，达到 77.4%，电信业务和可选消费权重占比

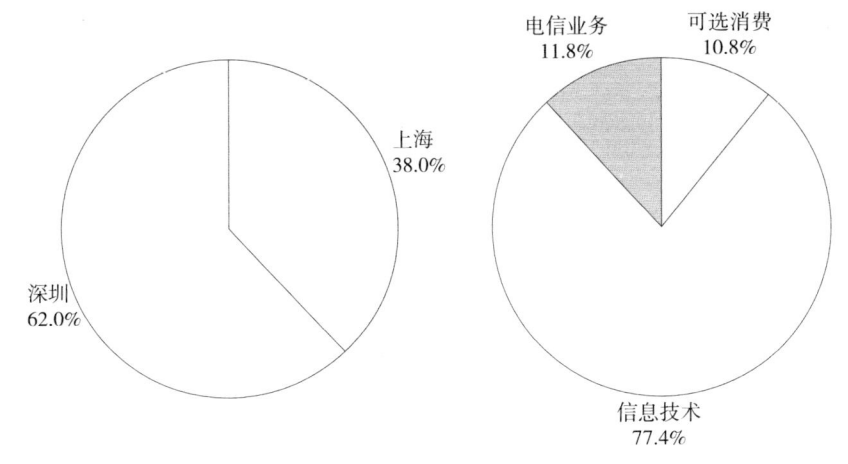

图3-5 中证TMT产业主题指数权重分布

资料来源：中证指数公司。

分别为11.8%、10.8%。

从十大权重股中（见表3-9）我们也能够看到，信息技术类企业占比是最高的。下面我们来详细看一看信息技术、电信业务、可选消费这3个领域主要包含哪些业务方向。

表3-9 中证TMT产业主题指数十大权重股（截至2021年3月9日）

代码	简称	行业	权重/%
688036	传音控股	电信业务	1.41
000100	TCL科技	可选消费	1.33
002230	科大讯飞	信息技术	1.33
002415	海康威视	信息技术	1.31
600460	士兰微	信息技术	1.27
603501	韦尔股份	信息技术	1.25
002841	视源股份	信息技术	1.25
000725	京东方A	信息技术	1.23
000977	浪潮信息	信息技术	1.23
002555	三七互娱	信息技术	1.21

第三章　那些值得关注的垂直领域基金 / 109

- 信息技术：包括计算机、互联网应用服务、软件开发、电子设备、5G、半导体等，这些都是我们经常使用的互联网领域的产品和应用，此处还有很多标志着未来科技创新趋势的领先业务方向。
- 电信业务：电信业务相对信息技术更基础一点，比如我们使用的移动互联网需要由通信传输、终端等各种设备来打造一整套覆盖完善的网络，同时还要提供各种通信服务，这些都在电信业务范畴内。
- 可选消费：需要注意的是，这里的可选消费主要包括传媒和消费电子产品等业务方向，汽车、装修家居等不在这个类别当中。

好了，说了这么多，我们来看一看对应TMT以及TMT细分领域都有哪些指数基金（见表3-10）。

表3-10 典型TMT与相关细分领域被动指数基金汇总表（截至2021年1月13日）

主题	被动指数基金	成立时间	规模/亿元
TMT	信诚中证TMT产业主题指数（LOF）A（165522）	2014年11月28日	1.23
	招商深证TMT 50ETF联接A（217019）	2011年6月27日	2.24
信息技术	广发信息技术ETF联接A（000942）	2015年1月29日	3.29
	南方中证500信息技术ETF联接A（002900）	2016年8月17日	4.53
	天弘中证计算机主题ETF联接A（001629）	2015年7月29日	4.63
	天弘中证电子ETF联接A（001617）	2015年7月29日	5.75
	国联安中证半导体ETF联接A（007300）	2019年6月26日	13.67
	国泰CES半导体芯片行业ETF联接A（008281）	2019年11月22日	10.03
	广发国证半导体芯片ETF（159801）	2020年1月20日	26.50

(续表)

主题	被动指数基金	成立时间	规模/亿元
电信业务	国泰中证全指通信设备 ETF 联接 A（007817）	2019 年 9 月 3 日	1.09
	华夏中证 5G 通信主题 ETF 联接 A（008086）	2019 年 12 月 10 日	42.12
传媒	广发中证传媒 ETF 联接 A（004752）	2018 年 1 月 2 日	6.88

我列出来的这些基金大部分是场外基金，同时有些基金有 A 类和 C 类两种，为了避免内容过于复杂，表 3-10 中的基金主要是以 A 类为主（后同）。可以看到 TMT 类指数基金的数量还是很多的，而且还有进一步细分领域的指数基金。感兴趣的读者可以进一步分析一下它们的收益情况。

当然，以上只列出了指数基金的部分指标，具体哪些基金适合你，需要你再详细分析相关基金的收益率和最大回撤率等指标。

TMT 及细分行业主题基金

TMT 可以说代表科技创新的发展方向，前面介绍了 TMT 及细分行业的被动指数基金，这些行业相对来说分类已经比较细致。市场上主动型的基金，一般会融合多个细分行业，基金的名字里往往会带有"信息产业""电子信息媒体"等关键字。

我列出了部分 TMT 及细分行业的主题基金，大家可以参考（见表 3-11）。

表 3-11 部分 TMT 及细分行业的主题基金汇总

序号	基金名称	成立时间	规模/亿元
1	广发电子信息传媒股票 A（005310）	2017 年 12 月 11 日	3.61
2	易方达信息产业混合（001513）	2016 年 9 月 27 日	75.29
3	中欧电子信息产业沪港深股票 A（004616）	2017 年 7 月 7 日	4.95
4	宝盈互联网沪港深混合（002482）	2016 年 6 月 16 日	8.50
5	华安媒体互联网混合（001071）	2015 年 5 月 15 日	75.80

相对来讲，主题基金的波动性要高于指数基金，这也非常考验基金经理的资产配置和选股能力。因此，在收益上，有些主题基金收益相对较好，但也有部分基金的收益波动非常大。

由于TMT被动指数基金和主题基金较多，我们从中选取几只典型基金从收益层面做一个对比（见图3-6）。

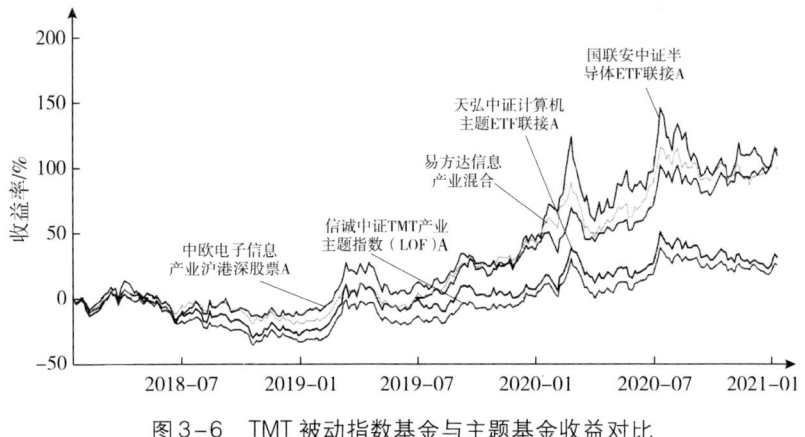

图3-6 TMT被动指数基金与主题基金收益对比
资料来源：天天基金网。

可以看到，被动指数基金和主题基金在收益方面各有优势。尤其是在2019年7月以后，基金分化更加明显。对于风险承受能力较低的投资者来讲，TMT相关的基金波动程度还是比较大的。

中概互联指数和主题基金

看过前面关于TMT主题介绍的读者会发现，TMT涵盖的领域其实非常广，甚至可以说是数字经济的代表。其中以BAT（百度、阿里巴巴、腾讯）为代表的互联网企业也是TMT行业的佼佼者。过去20多年，是全球互联网企业快速发展的重要时期，很多知名的互联网公司在中美两国诞生。

这些互联网公司有3个重要特点。

- 互联网企业应用较多的新技术和科技创新，在衣食住行等诸多领域进行了数字化和智能化升级，改变了我们的工作和生活，而且目前整个社会在从消费型互联网向产业互联网转型，因此这个领域的发展空间还是很大的。
- 很多互联网企业，尤其是大部分头部互联网企业，主要选择在中国香港或者美国上市。因此投资互联网行业，可以从全球资产布局的角度考虑。
- 互联网公司除了具有技术优势，还具有国内大部分 TMT 主题上市公司所不具备的消费属性，比如在线游戏、电商等。要知道，消费行业本身就是一个"长牛"的行业，通过叠加互联网的概念可以进一步提升其影响力和财富积累速度。

正是因为互联网行业有较好的发展实力和前景，所以这类主题基金在市场上有一个专属名称——"中概互联主题"基金。

目前，这一主题涉及的指数有以下 3 个：中证海外中国互联网 50 指数、中证海外中国互联网指数、中证中美互联网指数。

- 中证海外中国互联网 50 指数：选取在境外交易所上市的 50 家中国互联网企业作为样本股，采用自由流通市值加权计算，以反映在境外交易所上市的知名中国互联网企业的投资机会。
- 中证海外中国互联网指数：选取在境外交易所上市的中国互联网企业作为样本股，采用自由流通市值加权计算，以反映在境外交易所上市的中国互联网企业的整体走势。
- 中证中美互联网指数：选取在境外市场上市的十大中国互联网公司以及十大美国互联网公司作为样本股，采用自由流通市值加权计算，并设立权重调整因子使得中美互联网公司的权重之比为1∶1，以反映在境外上市的中美两国互联网公司的整体状况和走势。

从名称和介绍上来看，前两个指数差别不大，后一个指数不仅布局了中国的互联网公司，也布局了境外的互联网公司。我们来详细看一看这3个指数具体的持仓情况（见表3-12）。

表3-12　典型中概互联指数十大重仓股（截至2021年1月13日）

中证海外中国互联网50指数十大重仓股	权重/%	中证海外中国互联网指数十大重仓股	权重/%	中证中美互联网指数十大重仓股	权重/%
腾讯控股	29.10	腾讯控股	9.66	腾讯控股	9.89
阿里巴巴	24.37	美团-W	8.09	亚马逊	9.67
美团-W	9.14	拼多多	7.55	美团-W	9.45
拼多多	5.93	阿里巴巴	7.33	脸书	8.60
京东商城	4.74	京东商城	6.13	阿里巴巴	8.36
百度	4.66	哔哩哔哩	5.36	网飞	7.00
小米集团-W	3.71	百度	4.81	拼多多	6.13
网易	2.54	网易	4.51	京东商城	4.90
贝壳	2.22	贝壳	4.01	百度	4.82
好未来	1.79	京东健康	4.01	谷歌	4.79

资料来源：中证指数公司。

从这3个指数的持仓情况来看，我们会发现它们有以下的不同侧重点：

- 中证海外中国互联网50指数的持仓集中度非常高，腾讯和阿里巴巴两家公司的权重超过了50%。作为国内20多年来发展最快、体量最大的两家互联网企业，腾讯和阿里巴巴在全球的影响力也值得国人骄傲。需要指出的是，仓位集中度过高，一旦出现相关企业的负面信息，对应地，指数波动性也会相对大一些，而且一家企业也很难一直保持全球领先。

- 中证海外中国互联网指数相对于中证海外中国互联网50指数，更加均衡，虽然腾讯等企业的权重依然较高，但是没有哪家企业的权重超过10%。同时，腾讯和阿里巴巴已经度过快速发展期，很难再有动辄100%以上的增长速度，这反倒给一些中小型互联网企业更多快速增长的机遇。从发展的角度来看，新事物和新的商业模式一定会出现的。

- 如果说前两个指数更加关注上市的中国互联网企业，那么中证中美互联网指数则增加了境外互联网企业，我们熟悉的亚马逊、脸书、网飞都在其中，而且权重也比较均衡，没有哪家企业的权重超过10%。中美互联网企业的总权重比例是1∶1，可以说该指数在全球知名互联网企业中进行了均衡配置。

市场上也有前面3个中概互联指数对应的指数基金。我把相关的部分基金列了出来，大家如果感兴趣的话，可以关注一下（见表3-13）。

表3-13 典型中概互联被动指数基金基本信息（截至2021年1月13日）

主题	被动指数基金	成立时间	规模/亿元
中概互联主题	交银中证海外中国互联网指数（164906）	2015年5月27日	17.33
	易方达中证海外联接人民币A（006327）	2019年1月18日	7.63
中美互联主题	天弘中证中美互联网（QDII）A（009225）	2020年5月27日	0.09

需要注意的是，基金规模如果太小会有被清盘的可能，在选择自己感兴趣的基金的时候，大家也要关注一下基金的规模大小。如果想投资的话，可以先把这些基金放在自己的基金观察名单里，看一看后续这些基金的规模是否会扩大，之后再做决定。

介绍了中概互联被动指数基金，按照惯例我们再来看一看典型中概互联主题基金有哪些（见表3-14）。

表3-14 典型中概互联主题基金基本信息

序号	基金名称	成立时间	规模/亿元
1	富国全球科技互联网（QDII）（100055）	2011年7月13日	1.49
2	汇添富全球互联混合（001668）	2017年1月25日	15.80
3	华夏移动互联混合人民币（002891）	2016年12月14日	4.32
4	国富全球科技互联混合人民币（006573）	2018年11月20日	0.41

从表3-14中大家可以发现，中概互联主题基金成立的时间不是很长，可以说这个领域是比较新的。

我们把以上几只典型的中概互联被动指数基金和主题基金从收益角度进行比较，其中天弘中证中美互联网（QDII）A基金和国富全球科技互联混合人民币基金由于基金规模太小，均没有超过1亿元，因此就没有纳入此次收益回测名单当中。下面我们来看一看这些基金的收益如何（见图3-7）。

图3-7 中概互联网被动指数基金与主题基金收益对比
资料来源：天天基金网。

从收益角度看，中概互联主题基金的收益相对被动指数基金的收益高一些，这也从侧面说明中概互联主题基金的基金经理择股与择时能力较强。当然，需要指出的是，目前国内上市的互联网企业总体质量都还不错，不过在市场大趋势面前也有出现大幅下跌的可能。大家投资相关基金的时候要做好准备。

以上就是TMT基金的主要内容，抓住趋势是硬道理。

医药类垂直领域基金

生老病死是我们每个人都逃不掉的，不管是在战争年代还是在和平时期，医药行业都是全社会离不开的。同时，随着人们寿命的进一步延长，越来越多的人开始关注身体健康和养生保健，这也进一步提高了大家对医药行业的关注度。

一方面，医药行业属于稳健的传统行业，从古至今没有人能够离开它；另一方面，医药行业的收益成长性非常高，尤其是新的医疗技术、药物研发的快速发展，让医药行业具备了高收益和稳健性的双重特点，这也是医药行业能够穿越牛熊市的主要原因。

下面，我就详细介绍一下医药行业。

医药行业基本情况

医药行业主要由药品领域和医疗器械领域两大部分组成（见图3-8）。这个行业覆盖的领域非常广，具有消费、科技和周期三大属性。

- 药品领域主要包括原料药、化学制药、生物药和中药。原料药周期比较强；化学制药主要包括创新药和仿制药，前些年大热的电影《我不是药神》里治疗白血病的"印度药"就属于仿

```
                    ┌─ 原料药
         ┌─ 药品领域 ─┼─ 化学制药
         │          ├─ 生物药
         │          └─ 中药
医药行业 ─┤
         │            ┌─ 医疗设备
         └─ 医疗器械领域 ┼─ 高值耗材
                      ├─ 普通耗材
                      └─ 体外诊断产品
```

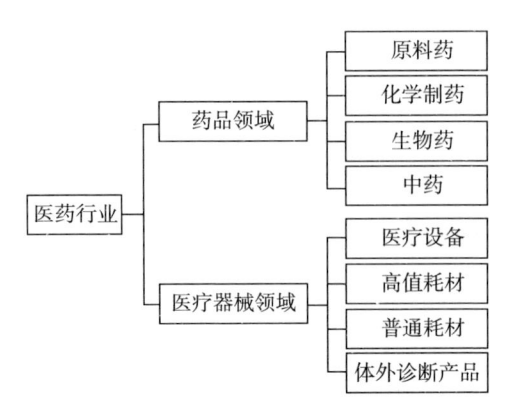

图3-8 医药行业基本分类

制药；生物药大部分人都接触过，最典型的就是冬季预防流感或者肝炎的疫苗；中药比较好理解，在我们国家有上千年的历史了，在此次抗击新冠肺炎疫情过程中也发挥了重要作用。

- 医疗器械领域主要包括医疗设备、高值耗材、普通耗材、体外诊断产品（In Vitro Diagnosis，简写为IVD）。我们在医院做检查的时候经常会使用到医疗设备，比如彩超、CT、核磁等；我们也经常在医院里体验体外诊断产品，比如每年体检抽血做的大生化检查等。

通过上面的介绍，大家会发现医药行业中有中药、原料药这样的防御性子行业，也有医疗设备、生物制药这样的进攻性子行业，并且这两部分不论是公司数量还是市值规模都足够大。

因此投资医药行业，一方面增加了投资者的投资难度，另一方面也为优秀的基金经理创造超额收益提供了足够大的空间和可能性。

医药行业被动指数基金

医药类的指数分类非常多，仅在中证指数里，搜索"医药"两个字，就有超过 40 个相关的医药类指数，包括医药 100、中证医药、300 医药、细分医药、医药红利等，这还不算其他公司编制的指数。

为了便于筛选和分析，我在这一节里重点对其中几个主流的医药指数进行分析，这些指数分别是：中证医药卫生指数、中证医药 100 指数、中证医疗指数、国证生物医药指数、中证申万医药生物指数、全指医药指数、沪深 300 医药卫生指数。下面我们来详细看一下这几个指数的基本介绍。

- 中证医药卫生指数：由中证 800 指数样本股中的医药卫生行业股票组成，以反映该行业公司股票的整体表现。
- 中证医药 100 指数：由医药卫生和药品零售行业市值较大的 100 只股票组成，以反映医药相关行业公司股票的整体走势。
- 中证医疗指数：从沪深 A 股医药卫生行业的上市公司中，选取业务涉及医疗器械、医疗服务、医疗信息化等医疗主题的上市公司股票作为指数样本股，以反映医疗主题上市公司股票的整体表现。
- 国证生物医药指数：以 A 股市场属于生物医药产业的相关上市公司为样本空间，根据市值规模和流动性的综合排名，选出前 30 只股票作为指数样本股（数量不足时则按实际数量选入），以反映生物医药行业的整体运行情况，向市场提供细分行业的指数化投资标的。
- 中证申万医药生物指数：从沪深 A 股中挑选日均总市值前 100 名的医药生物行业公司股票组成样本股，以反映医药生物行业公司股票的整体走势。
- 全指医药指数：从中证全指样本股医药卫生行业内选择流动性和市场代表性较好的股票构成指数样本股，以反映沪深两市医药卫生行业内公司股票的整体表现。
- 沪深300医药卫生指数：由沪深300指数样本股中的医药卫生行业股票组成，以反映该行业公司股票的整体表现。

以上这7个医药类指数，对应的被动指数基金有哪些呢？我们选取部分有代表性的指数基金来看一下（见表3-15）。

表3-15 典型医药类被动指数基金基本信息

主题	被动指数基金	成立时间	规模/亿元
中证医药	汇添富中证医药ETF联接A（007076）	2019年3月26日	0.78
	鹏华中证医药卫生(LOF)A（160635）	2015年8月17日	0.88
医药100	国联安中证医药100A（000059）	2013年8月21日	25.72
	天弘中证医药100A（001550）	2015年6月30日	5.13
中证医疗	广发中证医疗指数(LOF)A（502056）	2015年7月23日	0.91
	华宝医疗ETF联接A（162412）	2015年5月21日	9.36
国证医药	招商国证生物医药指数（LOF）A（161726）	2015年5月27日	141.45
医药生物	申万菱信中证申万医药生物指数(LOF)（163118）	2015年6月19日	3.63
全指医药	广发医药卫生联接A（001180）	2015年5月6日	10.90
300医药	易方达沪深300医药联接A（001344）	2017年11月22日	2.57

对以上医药类指数基金进行简单分析之后，我们会发现：

- 医药类指数基金细分领域较多，包含医药、医疗、生物制药等领域，种类丰富多样。
- 相关指数基金大部分成立时间为4~5年，规模有大有小，部分较小的指数基金规模甚至不到1亿元，相对来说有被清盘的风险。

介绍完指数基金的基本情况，下面我们从收益率的角度来看一看这几只指数基金的表现如何（见图3-9）。

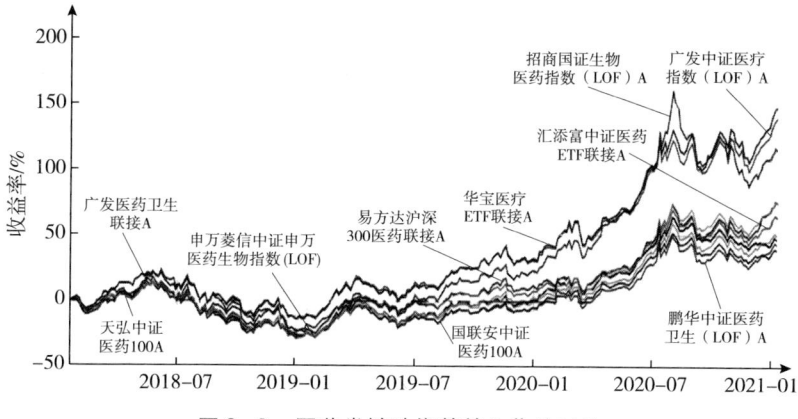

图3-9 医药类被动指数基金收益对比

资料来源：天天基金网，截至2021年1月14日。

很明显，这几只指数基金在过去3年的时间里，表现各异。其中中证医疗的两只指数基金［广发中证医疗指数（LOF）A、华宝医疗ETF联接A］以及国证生物医药指数基金［招商国证生物医药指数（LOF）A］表现较为不错，尤其是从2019年开始，几只指数基金从收益上看，差距逐步增大。但总的来看，医药类指数基金投资3年的收益均为正值，尤其是在2019年7月以后，其收益开始逐步走高。

医药行业主题基金

当然，有医药类指数基金，相应地就会有医药类主题基金。毕竟还有很多人愿意博取超越指数基金的高收益，尤其是在最近一两年，医药类基金涨幅喜人。我们来看一看市面上主要的医药类主题基金有哪些。由于篇幅有限，我列出部分具有代表性的医药类主题基金来和大家一起交流（见表3-16）。

表3-16 典型医药类主题基金基本信息

序号	基金名称	成立时间	规模/亿元
1	中欧医疗健康混合A（003095）	2016年9月29日	81.72
2	中海医疗保健主题股票（399011）	2012年3月7日	12.90
3	汇添富医疗服务混合（001417）	2015年6月18日	56.10
4	富国医疗保健行业混合A（000220）	2013年8月7日	19.72
5	融通医疗保健行业混合A/B（161616）	2012年7月26日	24.43
6	博时医疗保健行业混合A（050026）	2012年8月28日	77.50
7	易方达医疗保健行业混合（110023）	2011年1月28日	57.41
8	交银医药创新股票（004075）	2017年3月23日	25.97
9	广发医疗保健股票A（004851）	2017年8月10日	120.44
10	工银前沿医疗股票A（001717）	2016年2月3日	65.74

我们来详细分析一下以上10只医药类主题基金：

- 基金成立时间均超过3年半，大部分为5~8年。时间虽然不是衡量基金好坏的唯一标准，但是"老"基金一般都经历过牛熊市的锤炼，有回测数据可以参考，更值得大家关注和分析。
- 基金规模在1亿元以上，被清盘的可能性较低。当然，基金规模也不是越大越好，毕竟基金规模越大对基金经理的操盘能力要求就越高。规模适中的基金更适合普通投资者，也能使基金经理更加从容。

那么在收益上，这10只基金的表现又如何呢？我们来从收益率的角度比较一下这10只基金（见图3-10）。

仅从过去3年的收益来看，医药类主题基金的收益可圈可点，尤其是从2019年开始，医药类基金进入收益快速增长期，一扫2018年的阴霾。进入2020年以来，基金之间的收益虽然有分化，但是收益仅仅是我们考察一只基金是否值得投资的筛选指标之一，我们还需要考

图 3-10　医药类主题基金收益对比

资料来源：天天基金网，截至 2021 年 1 月 14 日。

虑基金的波动情况、基金经理的专业性和稳定性等诸多因素。

医药行业是一个既具有消费特征又具有科技特征的板块，不仅仅是新冠肺炎疫情推动医药类基金的上涨，从整个社会发展来看，老龄化不断加速、消费升级也在推动医药行业业态朝着多样性发展。因此，医药类基金是值得长期投资的板块。

但是，医药类基金的波动非常大，2018 年期间也曾有长时间的下跌，因此如果你想投资医药类基金，首先要做好心理准备，尤其是在基金出现较长时间下跌的时候，要能拿得住。普通投资者适合以定投的方式来投资，从而平滑基金波动的幅度，同时要坚持长期持有。

无论是投资医药类指数基金还是主题基金，定投都是比较好的省时省力的策略。

新能源汽车类垂直领域基金

趋势有时候就在我们面前，而且每个人都能感受到。

比如说，新能源。如果说 2020 年哪个领域是全市场"最靓的仔"，新能源行业一定榜上有名。

大家最熟悉，甚至每天都能接触到的新能源汽车就是新能源行业的重要组成部分。

新能源汽车为何如此引人注目

很多人对新能源汽车不屑一顾，毕竟和汽油车比起来，新能源汽车在里程和选择范围上仍有很大局限性。但是这不妨碍新能源汽车成为未来的方向之一。

目前，我国每年的汽车销售量超过2 000万辆，而且海外汽车市场规模更大。汽车产业带动上下游产业链，足够成为我国打造全球制造强国的重要支柱。

想一想当年的智能手机。2007年iPhone问世并开始进入我国之后，颠覆了国内整个手机行业。苹果手机销量虽然不是第一，但拿到了整个市场80%的利润，大量国内厂商开始作为iPhone的上下游供应商。这之后随着我国在智能手机产业的不断布局和学习，目前已经有了可以和苹果相抗衡的世界知名品牌企业，包括华为、小米、vivo、OPPO等诸多智能手机公司。

现如今的新能源汽车呢？现在的特斯拉是不是有点像当年进入中国的苹果呢？另外，苹果也已经开始布局新能源汽车了。

也许有人说，距离新能源汽车真正普及还有很长的路，新能源汽车还有很多短板。事实上，回顾历史我们会发现，新生事物的发展速度，有时候会超出我们的想象（见图3-11和图3-12）。

同样是纽约第五大道的照片，不同的是它们的拍摄时间。

在1900年的时候，纽约第五大道上几乎都是马车，基本看不到汽车的身影，如果不是在图中标记出来，大家很难想象图3-11中的圆圈里是一辆汽车，更准确地说，当时的汽车在众多马车中是那么渺小和单一。

1900年：汽车在哪儿？

图3-11　1900年的纽约第五大道的街景

1913年：马在哪儿？

图3-12　1913年的纽约第五大道的街景

但是到了1913年，也就是短短13年之后，在同样的地方我们看到了大量的汽车，而马车的踪影早已消失。

当年的马车与汽车，现在的汽油车和新能源汽车，你想要的"10年10倍"机遇，不就正在你的眼前吗？

新能源汽车行业被动指数基金

在新能源板块里，相信大家最熟悉的就是新能源汽车板块。但是除了新能源汽车，太阳能光伏板块也是新能源板块的重要组成部分。

第三章　那些值得关注的垂直领域基金／125

总的来看，新能源板块主要包括以下几个领域（见图3-13）。

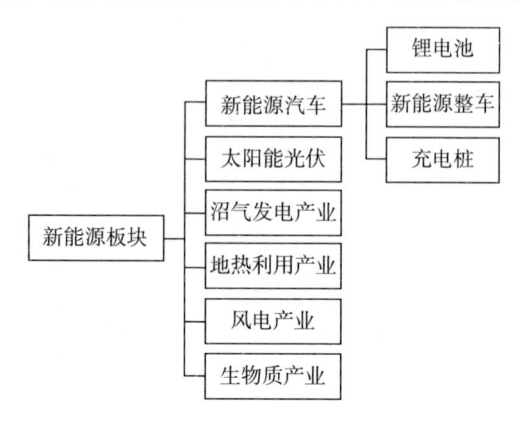

图3-13 新能源主要板块

我们重点聚焦新能源汽车，来看一看有哪些值得关注的指数。

- 中证新能源汽车指数，以中证全指为样本空间，选取涉及锂电池、充电桩、新能源整车等业务的上市公司股票作为成分股，以反映新能源汽车相关上市公司的整体表现，为市场提供多样化的投资标的。
- 中证智能汽车主题指数，选取为智能汽车提供终端感知、平台应用的公司，以及其他受益于智能汽车的代表性沪深A股作为样本股，以反映智能汽车产业公司的整体表现。
- 中证新能源汽车产业指数，选取业务涉及新能源汽车产业的沪深A股上市公司作为样本，以反映新能源汽车产业的整体表现。
- 国证新能源汽车指数，以沪深A股市场属于整车、电池材料、上游材料、电机电控和充电桩等新能源产业链的上市公司为样本空间，根据市值和成交金额综合排名，选出50只股票作为指数样本股。国证新能源汽车指数反映了新能源汽车产业的整体运行情况，向市场提供细分行业指数化投资标的。

以上4个是典型的新能源汽车指数，下面我们来看一看以上指数对应的被动指数基金有哪些（见表3-17）。

表3-17 典型新能源汽车被动指数基金基本信息

主题	被动指数基金	成立时间	规模/亿元
CS新能源汽车	汇添富中证新能源汽车A（501057）	2018年5月23日	34.81
CS智能汽车	富国中证智能汽车（LOF）A（161033）	2016年2月16日	2.94
CS智能汽车	天弘中证智能汽车指数发起式A（010955）	2021年1月19日	1.07
新能源汽车	国泰中证新能源汽车ETF联接A（009067）	2020年4月3日	1.61
国证新能源汽车	国泰国证新能源汽车指数（160225）	2015年8月27日	29.73

如果不做标记，我们很难意识到以上几只新能源汽车基金跟踪的居然是不同类型的指数。当然，名字类似不重要，重要的是对应的指数基金是否能够给投资者带来满意的收益。那么这些被动指数基金的表现如何呢，我们来对比一下这5只指数基金的业绩（见图3-14）。

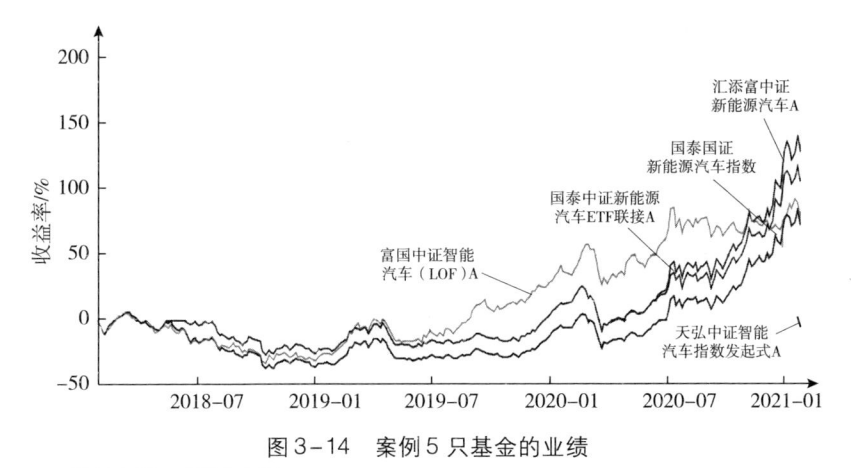

图3-14 案例5只基金的业绩

资料来源：天天基金网。

- 大部分新能源汽车指数基金在 2018 年下半年到 2019 年表现一般。在之后的 2020 年，新能源汽车指数基金的收益开始快速增长，这也可以理解为是在过去几年的蛰伏中积累获得的。如果在 2018 年市场低迷的时候卖出，显然就会错失后面的巨大收益。
- 富国中证智能汽车（LOF）A 基金在 2019 年下半年到 2020 年上半年收益较高，但是进入 2020 年 9 月以后，汇添富中证新能源汽车 A 基金的收益开始快速增长。

前面提到新能源板块的时候，指出其不但包括新能源汽车，还包括太阳能光伏等其他板块。不过新能源汽车和太阳能光伏板块并不完全一样，那么有没有能够同时跟踪这两个板块的指数呢？我们在中证指数有限公司找到了"中证新能源指数"。

中证新能源指数以中证全指为样本空间，选取涉及可再生能源生产、新能源应用、新能源存储以及新能源交互设备等业务的上市公司股票作为成分股，以反映新能源产业相关上市公司的整体表现，为市场提供多样化的投资标的。

从指数的编制方案来看，中证新能源指数不仅包括上游光伏、风电、核电，还包括下游新能源应用端的锂电池等产业链，因此可以全面受益于新能源红利。

感兴趣的读者可以关注一下这个指数，不过目前中证新能源指数只有场内基金，例如南方中证新能源 ETF，还没有场外基金可以投资。

新能源汽车主题基金

有被动指数基金，相应地就会有新能源汽车主题基金。尤其是在近两年，新能源主题引起广泛的关注，新能源汽车主题基金数量并不少。我们梳理出几只典型的新能源汽车主题基金（见表 3-18）。

表3-18 新能源汽车主题基金基本信息

序号	基金名称	成立时间	规模/亿元
1	嘉实智能汽车股票（002168）	2016年2月4日	47.84
2	国泰智能汽车股票A（001790）	2017年8月1日	81.42
3	申万菱信新能源汽车混合（001156）	2015年5月7日	35.97
4	汇丰晋信智造先锋股票A（001643）	2015年9月30日	28.93
5	华夏能源革新股票A（003834）	2017年6月7日	103.70

从表3-18中，我们可以看出：

- 新能源汽车主题基金，不仅是名字中含有"新能源汽车"或者"智能汽车"的基金，还有一些名字中不含有这样的关键字但实际上投资的主要是新能源汽车的基金，比如表3-18中的汇丰晋信智造先锋股票A、华夏能源革新股票A等。遇到这类基金，大家重点查看基金持仓股票情况，就能够做出判断。
- 新能源汽车主题基金有的会有A类和C类之分，成立时间最短的也超过了3年半，基金规模普遍不低。

那么这些基金的收益如何呢？我们通过表3-19来看一看。

表3-19 案例基金的收益率

	华夏能源革新股票A	汇丰晋信智造先锋股票A	申万菱信新能源汽车混合	国泰智能汽车股票A	嘉实智能汽车股票
2020年	120.65%	128.65%	110.76%	112.38%	93.91%
2019年	50.49%	73.88%	48.06%	53.26%	65.63%
2018年	-25.25%	-27.16%	-25.41%	-28.25%	-24.83%
2017年	—	7.45%	13.36%	—	20.16%
2016年	—	-5.90%	-5.88%	—	—

从历年的收益情况来看，2020年案例基金的年化收益率绝对亮眼，最低的一只也达到93.91%的收益率；2019年的收益也不错，收益率基本在50%以上。但是新能源汽车主题基金的波动也很大，如果从2018年开始投资，那么很有可能2018年全年处在亏损状态，而且跌幅基本上在-25%。

所以在艳羡2019—2020年新能源汽车主题基金收益的同时，也要明白这些"网红基金"也是经历过大幅亏损的。

那么这几只新能源汽车主题基金之间进行比较的话哪只更好呢？我们来看一看图3-15。

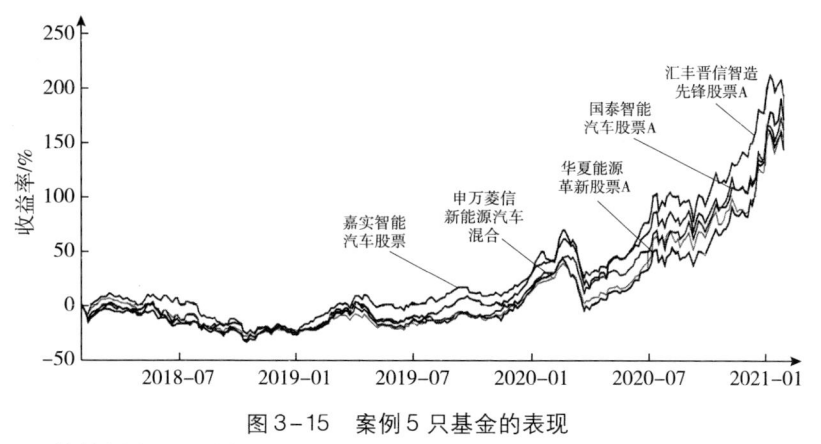

图3-15 案例5只基金的表现

资料来源：天天基金网。

从累计收益上看，案例中的5只基金整体表现相对一致，大家可以从基金经理经验、最大回撤率等多个角度再进行详细的分析筛选，选出一只比较适合自己的主题基金。

需要指出的是，随着新能源汽车行业估值的不断提高，未来是否还能维持如此高的增长，需要谨慎分析和研究。

要知道，特斯拉的股价，从2020年年初的86.0美元，上涨到2020年年底的661.7美元，年内涨幅为669%。对标特斯拉的蔚来汽车，其股价在2020年年初为3.7美元，在2020年年底为45.7美元，年内涨幅达1 135%。这种涨幅能否持续是个世纪难题，而且相关企业的估值不是一般地高，是相当高，后面大家要做好对应股票和基金可能出现大幅度回撤或下跌的准备。

我们能做的就是在自己能力圈内进行投资并赚取收益，并且把风险尽可能降低。

金融地产类垂直领域基金

金融地产和我们每个人息息相关。许多人都有买房的梦想，然而对于大多数人来说，买房子需要贷款，贷款就需要银行等金融机构的支持。

可以说，金融是现代经济的命脉，为各行各业提供发展所需要的资金，金融包含了银行、证券、保险和信托等行业。大家对房地产就更不会陌生了，它是国家经济的重要支柱产业之一，包含了房地产的开发、建造、销售和出租等业务。在"房住不炒"的要求下，房价趋于稳定，但是不可否认的是，房地产不仅能够改善我们的居住环境，还能够带动金融、建材、家居、家电等多个行业消费，吸纳大量的就业。

所以金融地产是一个非常重要的行业，对我国的经济发展相当重要。

下面，我们重点聚焦在金融地产以及细分的银行、证券领域，来看一看对应的基金表现如何。

银行指数基金

我们先来看一看银行领域。

我们经常和银行打交道，每个月发的工资首先进入我们的银行账户，移动支付也会绑定我们的储蓄卡或者银行发的信用卡。

作为"百业之母"的银行业，核心业务就是"用钱挣钱"。银行通常付利息雇用"钱"来工作，把"钱"安排到最需要用钱的个人或者企业那里，最后从用"钱"挣回来的"收入"中拿出一部分支付给"钱"的主人，剩下的就是银行自己的收益。

例如，我把10万元存在银行，银行给我2%的利息收入，同时把这10万元借给ABC公司开展业务，ABC公司的这笔贷款需要支付5%的利息。最终借款结束后，银行就可以收到5%-2%=3%的收益，这部分就是银行最重要的利息收入。

在经济复苏或者社会蓬勃发展的时候，市场上会有很多需要通过贷款拓展业务的个人和企业，也就是"信贷投放量"会增加，银行的利息收入也会快速增长；在加息周期里，银行的议价能力也会大幅提升，对利息收入来说是利好。但是在经济衰退或者降息周期里，银行的利息收入增长就会变缓，甚至下降。

当然，银行有利息收入，也会有非利息收入，比如手续费、托管和代理服务费等也都是银行的收入组成部分。目前，在银行的收入里面，利息收入依旧是大头，不过非利息收入也在快速增长。

下面，我们来看一看比较典型的银行类指数——中证银行指数。中证银行指数选取中证全指样本股中的银行行业股票，以反映该行业股票的整体表现。

目前，中证银行指数也是被跟踪得比较多的银行类指数。在中证银行指数中，前十大权重股占比超过70%，包括了招商银行、兴业银行、平安银行等国内知名银行（见表3-20）。

表3-20 中证银行指数十大权重股（截至2021年2月26日）

代码	简称	行业	权重/%
600036	招商银行	金融地产	16.02
601166	兴业银行	金融地产	14.43
000001	平安银行	金融地产	8.34
601398	工商银行	金融地产	7.57
601328	交通银行	金融地产	5.05
600000	浦发银行	金融地产	4.97
002142	宁波银行	金融地产	4.84
600016	民生银行	金融地产	4.43
601288	农业银行	金融地产	3.77
601229	上海银行	金融地产	3.35

我们再来看一看跟踪中证银行指数的基金都有哪些以及它们的表现如何（见表3-21）。

表3-21 案例基金的表现（截至2021年2月28日）

主题	被动指数基金	成立时间	规模/亿元
银行类	富国中证银行指数（LOF）A（161029）	2015年4月30日	6.33
	南方银行ETF联接A（004597）	2017年6月29日	7.77
	天弘中证银行ETF联接A（001594）	2015年7月8日	28.19
	汇添富中证银行ETF联接A（007153）	2019年4月15日	1.98
	华夏中证银行ETF联接A（008298）	2019年12月6日	0.66
	博时中证银行指数（LOF）（160517）	2015年6月9日	3.79
	易方达中证银行指数（LOF）A（161121）	2015年6月3日	5.86
	华宝中证银行ETF联接A（240019）	2011年8月9日	2.09
	招商中证银行指数（161723）	2015年5月20日	12.60
	中融中证银行指数（LOF）（168205）	2015年6月5日	0.45
	华安中证银行指数（160418）	2015年6月9日	5.24
	鹏华银行A（160631）	2015年4月17日	25.42

可以看到跟踪中证银行指数的基金很多,我们把基金规模小于1亿元的华夏和中融中证银行指数基金删去,来看一看剩下的10只指数基金的收益情况如何(见图3-16)。

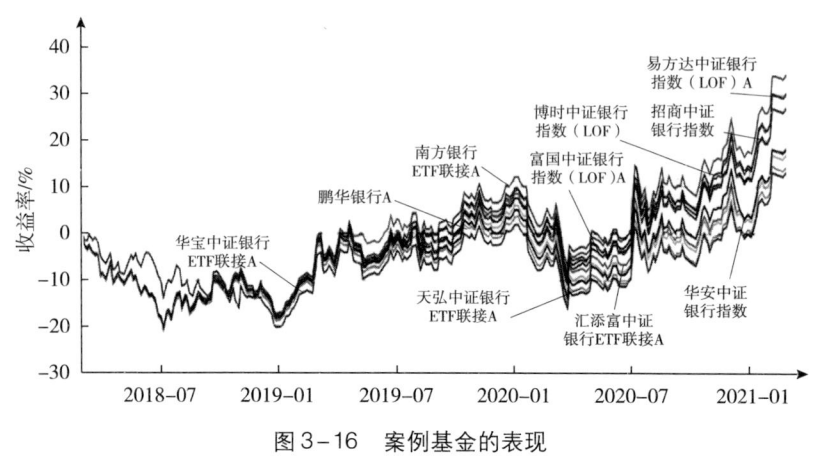

图3-16 案例基金的表现

资料来源:天天基金网。

可以看到中证银行指数基金的走势基本相同,尤其是在2020年上半年之前。2020年下半年开始出现一些分化,但是整体趋势还是比较一致的。

而且如果大家是以定投的方式来投资上述中证银行指数基金,1年以上的投资收益基本上能够达到正收益,虽然这些基金不像一些热门领域的基金收益那么高,但是坚持投资1年就能够获得较好的收益也是值得大家考虑的(见表3-22)。

当然,如果希望银行类指数基金暴涨或者说能够像白酒、消费类基金那样获得较高收益,那么这种可能性是非常小的。银行的业务机构决定了相关基金不会出现暴涨暴跌,银行行业必须稳。

券商指数基金

说完了银行,我们再来看一个行业,那就是券商行业。

大家有没有发现,我们投资的基金或者个股,都有涨有跌,那有没

表3-22 案例基金定投收益率

	富国中证银行指数(LOF) A	南方银行ETF联接A	天弘中证银行ETF联接A	汇添富中证银行ETF联接A	博时中证银行指数(LOF)	易方达中证银行指数(LOF) A	华宝中证银行ETF联接A	招商中证银行指数	华安中证银行指数	鹏华银行A
近1年	18.27%	17.65%	15.16%	14.98%	20.25%	19.32%	15.47%	17.75%	15.52%	15.77%
近2年	21.01%	20.52%	15.27%	—	25.19%	23.04%	15.26%	20.20%	16.25%	15.09%
近3年	27.50%	27.90%	20.06%	—	32.74%	29.88%	17.92%	27.01%	21.11%	19.19%
近5年	35.43%	—	26.77%	—	43.58%	39.54%	25.77%	36.38%	27.33%	24.06%

有一类永远是只赚不赔的？

如果有的话，券商行业一定位列其中。想想看，无论我们买入还是卖出基金股票，都要缴纳手续费，而且不会因为我们的投资亏损或者赚钱而出现变化。简直是一本万利。这一类业务就是证券公司的重要业务之一——经纪业务。

证券公司的另一大业务是资产管理，受益于越来越多企业和居民的财富增长，各类理财产品热销，证券公司的资产管理业务也跟着受益，管理规模不断提升，这也增加了券商管理的相关费用。另外，证券公司还有证券投资、证券承销等业务内容。

当然，证券公司受到市场环境的影响比较大，在牛市的时候，投资者买卖频繁，证券公司的服务费也会跟着上涨；在熊市的时候，投资者投资的意愿不强烈，证券公司的收入也会随着交易量的下滑而出现下降。

因此，券商行业有以下两个比较显著的特点。

- 风险较低。证券公司的主要业务是经纪业务、资产管理和承销，因此风险较低，保证在牛熊市中都能够轻松赢利。
- 牛市爆发力强。券商行业虽然风险不高，但是会受到市场较大的影响。尤其是在牛市的时候，券商行业因为市场的成交量、融资规模的扩大而受益，从而出现爆发式增长。因此，会有很多投资者把券商指数的涨跌作为是否进入牛市的风向标。

下面，我们来看一看券商指数——中证全指证券公司指数。该指数由中证全指样本股中的证券公司行业股票组成，以反映该行业股票的整体表现。对应的十大权重股主要包含如表3-23所示的股票。

表3-23 中证全指证券公司指数十大权重股

代码	简称	行业	权重/%
600030	中信证券	金融地产	14.41
300059	东方财富	金融地产	13.00
601688	华泰证券	金融地产	6.28
600837	海通证券	金融地产	5.80
600999	招商证券	金融地产	5.02
601211	国泰君安	金融地产	4.67
601377	兴业证券	金融地产	3.02
000776	广发证券	金融地产	2.94
000166	申万宏源	金融地产	2.69
600958	东方证券	金融地产	2.49

从表3-24中我们可以看到，券商类指数集中度较高，目前纳入指数的共计44只券商股，前十大权重股占据了指数的6成仓位。以此分享大券商强者恒强的长期价值，余下4成仓位则兼顾中小券商的业绩高弹性。

表3-24 案例基金的表现（截至2021年2月28日）

主题	被动指数基金	成立时间	规模/亿元
券商类	南方中证全指证券公司ETF联接A（004069）	2017年3月8日	15.71
	华宝证券ETF联接C（007531）	2019年6月13日	30.20
	华夏中证全指证券公司ETF联接A（007992）	2020年4月3日	1.82
	天弘中证全指证券公司ETF联接A（008590）	2019年4月15日	1.69
	华安中证全指证券公司指数（160419）	2015年6月9日	6.10
	博时中证全指证券公司指数（LOF）（160516）	2015年5月19日	2.60
	易方达中证全指证券公司指数（LOF）A（502010）	2015年7月8日	7.19
	鹏华券商A（160633）	2015年5月6日	15.77
	富国中证全指证券公司指数（LOF）A（161027）	2015年6月5日	25.61
	招商中证全指证券公司指数（LOF）A（161720）	2014年11月13日	38.76
	汇添富中证全指证券公司指数A（501047）	2017年12月4日	7.00
	长盛中证全指证券指数（LOF）（502053）	2015年8月13日	2.99

为了方便比较券商指数基金的收益，我们把成立时间较短、规模较小的华宝证券 ETF 联接 C、华夏中证全指证券公司 ETF 联接 A、天弘中证全指证券公司 ETF 联接 A 删除，来看一看剩下这些券商指数基金的收益表现如何（见图 3-17）。

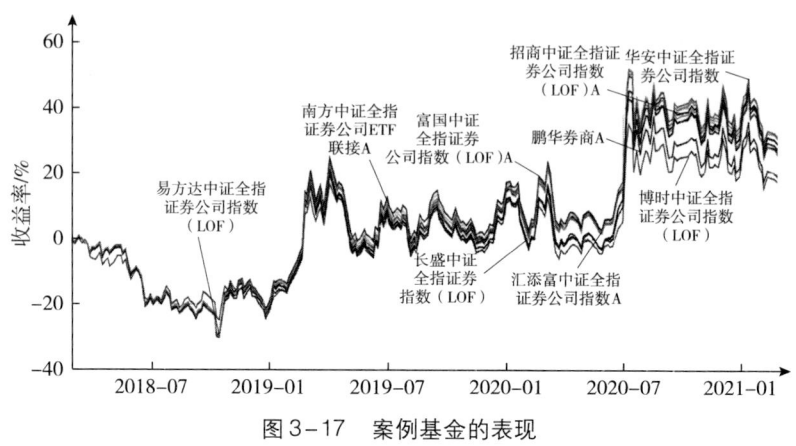

图 3-17 案例基金的表现

资料来源：天天基金网。

总的来看，券商类指数基金的表现基本一致。需要指出的是，2020 年 7 月券商指数基金有较大幅度增长，这也与 2020 年下半年更多人开始关注投资市场，并开始对股票或基金进行投资有关，毕竟开户和参与市场投资的人增多之后，券商赚取的手续费随着市场升温开始增长，券商指数基金也开始受益。

金融地产指数基金

前面介绍了银行与券商行业指数，下面我们来看一看金融地产，看一看把金融和房地产结合在一起之后，会有哪些指数值得关注。目前比较主要的金融地产类指数有以下几个。

- 中证金融地产指数：由中证 800 指数样本股中的金融地产行业

股票组成，以反映该行业公司股票的整体表现。
- 全指金融指数：从中证全指样本股金融地产行业内选择流动性和市场代表性较好的股票构成指数样本股，以反映沪深两市金融地产行业内公司股票的整体表现。
- 沪深300金融地产指数：由沪深300指数样本股中的金融地产行业股票组成，以反映该行业公司股票的整体表现。

我们以中证金融地产指数为例，看一看它的十大权重股都包含哪些（见表3-25）。

表3-25 中证金融地产指数十大权重股（截至2021年2月26日）

代码	简称	行业	权重/%
601318	中国平安	金融地产	14.52
600036	招商银行	金融地产	9.95
601166	兴业银行	金融地产	5.65
600030	中信证券	金融地产	3.65
000002	万科A	金融地产	3.55
300059	东方财富	金融地产	3.29
000001	平安银行	金融地产	3.26
601398	工商银行	金融地产	2.96
601601	中国太保	金融地产	2.38
601328	交通银行	金融地产	1.98

我们可以看到，这十大权重股既包含招商银行、兴业银行等银行股，也包括中信证券、东方财富等券商股，同时也有万科等地产股票，基本囊括了金融地产相关龙头企业的股票。

对应的指数基金主要有以下几只（见表3-26）。

金融地产指数对应的指数基金成立时间大多超过5年，但是基金规模整体都不是很大，我们看一看这些指数基金的表现如何（见图3-18）。

表3-26 金融地产指数基金基本情况（截至2021年2月26日）

主题	被动指数基金	成立时间	规模/亿元
中证金融地产指数	嘉实中证金融地产ETF联接A（001539）	2015年8月6日	0.59
	长盛中证金融地产指数（LOF）（160814）	2015年6月16日	1.01
沪深300金融地产指数	国投沪深300金融地产联接（161211）	2010年4月9日	3.33
全指金融指数	广发中证全指金融地产联接A（001469）	2015年7月9日	9.04

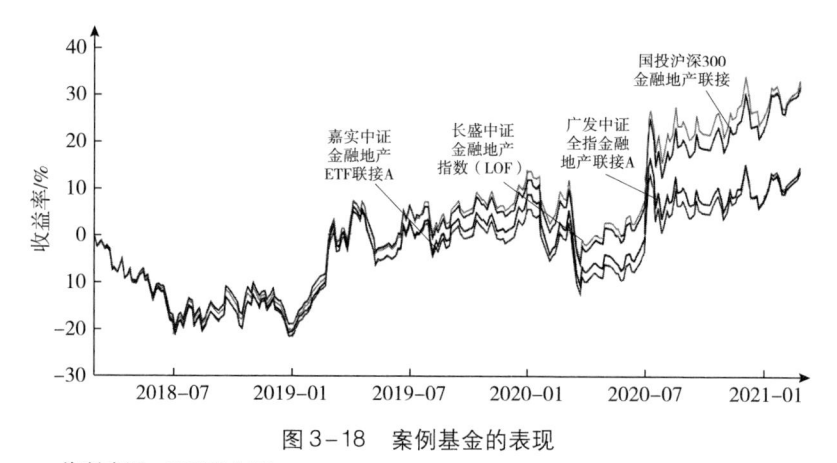

图3-18 案例基金的表现

资料来源：天天基金网。

从收益上看，国投沪深300金融地产联接基金、长盛中证金融地产指数（LOF）基金表现较为优异。不过需要指出的是，金融地产指数基金规模相对较小，大家投资的时候需要注意风险。

金融地产有指数基金，同理也有对应的主题基金，比如中银金融地产混合A、工银金融地产混合A、南方金融主题灵活配置混合A等基金。

同时，由于前面介绍的银行类指数基金、券商类指数基金都和金融地产类基金有较多重合的持仓股票，为此我们选择"博时中证银行指数（LOF）"作为银行类指数基金代表、选择"华安中证全指证券公司指数"作为券商类指数基金代表、选择"长盛中证金融地产指数（LOF）"作为金融地产指数基金代表与其他4只基金代表来做个对比，看一看这些主题基金、指数基金以及我们非常熟悉的宽基指数基金之间，收益表现如何（见图3-19）。

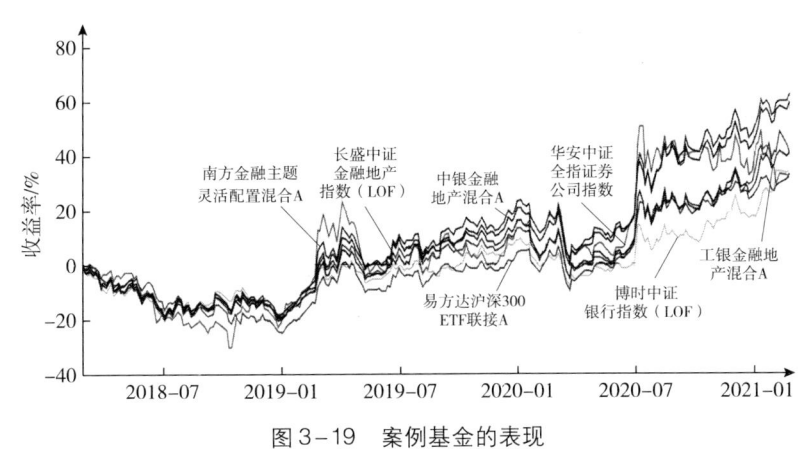

图3-19 案例基金的表现

资料来源：天天基金网。

从收益上看，金融地产类主题基金收益较好，银行类指数基金收益相对较为稳定。同时，券商类指数基金的波动性最大。

如果我们从定投的角度来看的话，那么会有新的发现（见表3-27）。

表3-27 案例基金定投收益率　　　　　　　　　　　　　　（单位：%）

	长盛中证金融地产指数（LOF）	博时中证银行指数（LOF）	华安中证全指证券公司指数	易方达沪深300ETF联接A	中银金融地产混合A	工银金融地产混合A	南方金融主题灵活配置混合A
近1年	13.09	20.25	2.21	19.43	21.03	16.86	20.86
近2年	19.12	25.19	12.22	30.79	34.03	22.49	32.17
近3年	29.45	32.74	25.13	40.65	——	33.63	47.64
近5年	38.18	43.58	19.16	49.92	——	48.18	——

从表3-27中我们可以看到，定投这7只基金1年以上，收益均为

正。而且易方达沪深 300ETF 联接 A 指数基金作为宽基指数基金的典型代表，在定投收益方面与金融地产类主题基金收益差别不大。

兜兜转转一大圈，发现还是宽基指数基金值得我们优先考虑。

有色金属类垂直领域基金

大家对有色金属一词的印象，多半是只闻其声，不知其意，其实我们在日常生活中经常能见到它们。有色金属可以划分为贵金属（金、银、铂等）、重金属（铜、铅、锌等）、轻金属（铝、镁等）和稀有金属（钨、钼、锗、铀、锂等），涉及 64 种化学元素。

看到这里，有人可能会恍然大悟，我们经常买的金项链、铂金钻戒等其实都属于有色金属制品，新能源汽车使用的锂电池也含有有色金属。

可以说，有色金属是工业、消费、国防与科技的基础材料和战略物资，广泛应用在电子、航天、汽车、通信、家电等领域。很多国家都在加快发展有色金属产业，增加战略储备，为的就是在未来占得发展先机。

由于有色金属主要应用在工业领域和电子消费领域，在国内，该板块经常和各种概念形成共振，比如新能源汽车、军工等。因此，我把有色金属这个细分行业单独拿出来，和大家一起分析一下。

目前，跟踪有色金属及相关指数基金的指数主要是以下两个。

- 中证 800 有色金属指数：以中证 800 样本股为样本空间，选取行业为铝、多种金属与采矿、黄金、贵重金属与矿石的上市公司组成样本股。
- 中证申万有色金属：反映有色金属行业公司股票的整体走势，该指数从沪深 A 股中挑选日均总市值排名前 50 的有色金属行业公司股票组成样本股。

两个指数在前十大权重股的持仓股票完全相同，只是股票的权重比例不相同。

虽然有色金属领域属于非常细分的行业，不过作为重要资源领域，有色金属板块在广义上还是有一些主题基金。比如，跟踪中证内地资源主题指数的基金，除了投资有色金属，还投资了煤炭、石油和天然气等能源和原材料板块。再比如，重点聚焦在有色金属中某一个类别的主题基金，如重点投资黄金类的基金。

我们一并将这些主题基金和指数基金纳入进来，进行分析。

从表3-28可以看出来，有色金属相关的基金成立时间在3~8年，基金规模以中小型为主。

表3-28 案例基金的情况（截至2021年2月28日）

主题	基金名称	成立时间	规模/亿元
中证800有色金属指数类	信诚中证800有色指数（LOF）（165520）	2013年8月30日	9.49
中证申万有色金属	南方有色金属ETF联接A（004432）	2017年9月8日	3.25
主题基金类	华宝资源优选混合A（240022）	2012年8月21日	14.14
	创金合信资源股票发起式A（003624）	2016年11月2日	2.54
	前海开源金银珠宝混合A（001302）	2015年7月9日	9.69
	前海开源沪港深核心资源混合A（003304）	2016年10月17日	1.79

下面，我们来看一看它们在收益方面的表现，同时将易方达沪深300ETF联接A也纳入对比（见图3-20）。

图 3-20　案例基金的表现

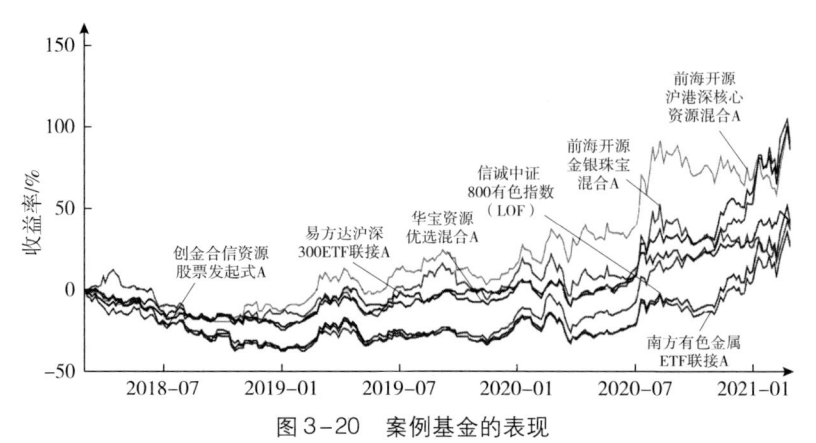

资料来源：天天基金网，截至 2021 年 2 月 28 日。

从收益上来看，可以发现有色金属相关基金有以下几个特点。

- 有色金属类基金适合定投。从定投收益上来看，定投有色金属类基金 1 年以上的收益均为正，而且大部分都跑赢了定投易方达沪深 300ETF 联接 A 的收益（见表 3-29）。
- 主题基金表现可圈可点。华宝资源优选混合 A 和创金合信资源股票发起式 A 对标的都是中证内地资源主题指数，不过这两只资源类主题基金的有色金属含量是相对比较高的，而且从定投和每年的业绩表现来看，也是非常不错的。

表 3-29　有色金属相关基金定投收益率　　　　　　　　　　（单位：%）

	信诚中证800有色指数（LOF）	南方有色金属ETF联接A	前海开源沪港深核心资源混合A	前海开源金银珠宝混合A	创金合信资源股票发起式A	华宝资源优选混合A	易方达沪深300ETF联接A
近 1 年	52.43	40.28	19.40	8.05	66.60	44.73	19.43
近 2 年	69.21	54.73	45.47	21.36	108.20	68.93	30.79
近 3 年	72.48	—	67.94	30.17	120.45	83.24	40.65
近 5 年	66.73	—	—	24.23	—	99.27	49.92

以上给大家介绍的是垂直领域基金的基本情况。既有经常被称为能够穿越牛熊市的消费类基金和医药类基金，也有代表技术发展趋势的 TMT 类基金和新能源汽车类基金，同时我们还有针对性地分析了金融地产类基金和有色金属类基金。

我们在分析介绍每一个类别基金的同时，也从定投收益、指数基金与主题基金之间的收益对比来分析，并纳入基金成立时间和基金规模等筛选要求，希望能够帮助大家筛选出适合自己的基金。

需要再次指出的是，垂直行业的基金波动性较大，基金收益上涨的时候确实值得庆祝，但在基金处于下跌通道的时候我们也要沉得住气、拿得住。尤其是一些现在我们看来收益让人"眼红"的基金，其实曾经也有相当长的时间是需要忍受震荡，甚至是浮亏的时期，这个时期短则半年一年，长则两年甚至三年，谁忍得住，谁就能笑到最后。毕竟投资就是一种反人性的操作，很多道理大家都懂，差别就在于，在知道投资方法之后是否能够坚定地执行下去。

希望你也是那个能够坚持下去，并获得超高收益的人。

第四章

如何选择主动型基金

哪家基金公司是你的真爱

选择主动型基金不仅仅要看基金的收益，更要看基金经理的能力。而基金经理的能力，和其成长的平台——基金公司的实力密不可分。

过去 10 年，基金公司也是百花齐放，我们以非货币基金规模来进行排名，看一看 2011—2020 年这 10 年里，基金公司的排名都发生了哪些变化，见表 4-1。

表 4-1　非货币基金规模排名变化情况（截至 2020 年年底）

排序	2011 年	2012 年	2013 年	2014 年	2015 年	2016 年	2017 年	2018 年	2019 年	2020 年
1	华夏	华夏	华夏	华夏	易方达	博时	易方达	博时	易方达	易方达
2	嘉实	嘉实	嘉实	嘉实	华夏	易方达	博时	易方达	博时	汇添富
3	易方达	易方达	易方达	易方达	嘉实	工银瑞信	华夏	华夏	华夏	广发
4	南方	南方	南方	南方	南方	华夏	嘉实	嘉实	汇添富	华夏
5	博时	博时	广发	富国	富国	嘉实	南方	广发	南方	南方
6	广发	广发	博时	博时	工银瑞信	南方	中银	南方	广发	富国
7	大成	银华	富国	工银瑞信	汇添富	招商	招商	中银	嘉实	博时
8	银华	富国	银华	广发	招商	鹏华	汇添富	汇添富	中银	招商

(续表)

排序	2011年	2012年	2013年	2014年	2015年	2016年	2017年	2018年	2019年	2020年
9	华安	华安	华安	银华	华安	中银	富国	招商	富国	嘉实
10	富国	大成	景顺长城	华安	鹏华	富国	广发	工银瑞信	招商	鹏华
11	工银瑞信	工银瑞信	工银瑞信	大成	广发	建信	工银瑞信	富国	工银瑞信	中欧
12	汇添富	建信	鹏华	汇添富	博时	汇添富	建信	华安	鹏华	工银瑞信
13	鹏华	鹏华	大成	鹏华	中银	广发	华安	建信	华安	中银
14	诺安	融通	汇添富	中银	银华	华安	农银汇理	兴全	兴全	华安
15	建信	诺安	上投摩根	华泰柏瑞	国泰	银华	鹏华	农银汇理	国泰	交银
16	国泰	汇添富	中银	景顺长城	中邮	长城	国泰	国泰	平安	银华
17	景顺长城	国泰	融通	国泰	国投瑞银	国泰	兴全	鹏华	农银汇理	国泰
18	融通	交银	交银	申万菱信	华泰柏瑞	中欧	东方红	东方红	中欧	兴全
19	交银	中银	诺安	诺安	中欧	兴业	中欧	银华	银华	景顺长城
20	上投摩根	景顺长城	国泰	招商	华商	诺安	银华	中欧	建信	平安

行业领跑者——易方达基金公司

过去10年，基金公司的规模此消彼长，但是能够连续10年都排在前3名的，只有易方达。尤其是在2015年之后，易方达的基金规模不是第一就是第二。而且在2019年和2020年连续两年位居基金规模榜的榜首。同时，易方达管理的资金规模也突破了万亿元。大家耳熟能详的基金经理，比如张坤、萧楠等都是易方达的知名基金经理。

快速赶超者——汇添富基金公司

大家可以看到，过去10年，汇添富的基金规模一直处于上升通道。作为一家聚焦主动管理权益基金的公司，汇添富近年来的表现可圈可点。从2012年的第16名，跃升至2020年的亚军。当然，后面能否继续坐稳第2名的位置，还需要时间的检验。在明星基金经理方面，胡昕炜、劳杰男等基金经理一直受到投资者关注。

流量网红——中欧基金公司

中欧基金比较年轻，从基金规模看，2015年才进入前20名，而且上升并不明显。相比其他有背景的基金公司，中欧基金通过互联网打造自己的网红明星基金经理，比如近两年大红大紫的葛兰，凭借医药类基金的成功引起了很多投资者的注意，完美"破圈"。另外周应波、王培等基金经理也都是近期受关注度比较高的。虽然中欧基金实力不俗，也很上进，但是和第一梯队的基金公司相比，还需要进一步积累实力。

当然，基金规模只是判断一家基金公司是否优秀的标准之一，我们还需要结合自己的需求来选择适合自己的基金公司以及优秀的基金经理。

冠军基金，值得买吗

每到年底，基金行业的一个重要事情就是评选出当年表现优异的基金。当然，衡量优秀基金的重要指标之一就是收益率。

比如2020年，年度冠军基金农银工业4.0混合涨幅达到166.85%，如果只是看收益，很多人没准还以为是一只优秀的股票。

下面，我们来看一看过去十几年来冠军基金的表现如何，见表4-2。

表4-2 冠军基金冠军年度表现和历年表现

(单位：%)

历年	冠军年度															
	2005年	2006年	2007年	2008年	2009年	2010年	2011年	2012年	2013年	2014年	2015年	2016年	2017年	2018年	2019年
2005年	17														
2006年	124	182													
2007年	127	107	226												
2008年	−52	−55	−35	−3											
2009年	69	90	116	2	116										
2010年	7	11	24	4	107	38									
2011年	−21	−19	−17	−25	−17	−29	4								
2012年	6	3	6	2	6	−5	−1	32							
2013年	13	70	15	5	15	29	−2	21	80						
2014年	0	7	6	30	6	22	11	31	57	102					
2015年	50	15	28	14	28	85	38	36	106	22	17				
2016年	1	−16	−11	−19	−11	−33	82	−13	−27	−8	172	18			
2017年	21	18	35	18	35	−3	5	48	−28	26	−40	25	68		
2018年	−8	−23	−20	−15	−20	−11	11	−26	−13	−15	15	−20	−22	4	
2019年	31	74	45	21	45	32	0	51	45	41	−33	35	51	62	62
2020年	23	58	36	25	36	32	44	42	36	16	90	71	27	61	122	49

注：空白处表示冠军基金在该年无完整业绩，未满1年。
资料来源：万得资讯，2005年1月1日—2020年11月30日。

我们回测了从2005年年初到2020年年底这16年来的冠军基金的收益表现，以及成为当年收益冠军后，在之后几年的收益表现。

如果每年都能够买到收益率最高的冠军基金，收益会怎样呢？比如，2005年我们以1万元本金起步，如果每年我们都能够选到冠军基金，那么经过十几年的操作，到2020年年底，1万元本金将变成4 688.87万元，见表4-3。

表4-3 投资历年冠军基金的收益情况

年份/年	本金/元	当年冠军基金收益率/%	总收益/元
2005	10 000.00	17.0	11 700.00
2006	11 700.00	182.0	32 994.00
2007	32 994.00	226.0	107 560.44
2008	107 560.44	-3.0	104 333.63
2009	104 333.63	116.0	225 360.63
2010	225 360.63	38.0	310 997.67
2011	310 997.67	-1.0	307 887.70
2012	307 887.70	32.0	406 411.76
2013	406 411.76	80.0	731 541.17
2014	731 451.17	102.0	1 477 713.16
2015	1 477 713.16	172.0	4 019 379.81
2016	4 019 379.81	18.0	4 742 868.17
2017	4 742 868.17	68.0	7 968 018.53
2018	7 968 018.53	4.0	8 286 739.27
2019	8 286 739.27	112.0	17 567 887.25
2020	17 567 887.25	166.9	46 888 691.08

特别想说一句，这么好的机会请多来一些。

当然，每次都踩到点的可能性并不大。这样的机会只在理论上有存在的可能。

我们从这些冠军基金里发现了以下规律。

- 历年的冠军基金，其实在其他年度的表现与其获得冠军的年度的表现存在较大差异。比如表4-2中2007年的冠军基金在当年的收益率达到了226%，而在接下来的2008年，收益率却是-35%。再比如2015年的冠军基金的收益率达到了172%，而在之后的2016年的收益率却是-40%。为什么会出现这种情况？事实上，所有的冠军基金，之所以在当年的收益率位居第一、业绩亮眼，主要是因为这只基金在当年股票持有比较集中、仓位相对激进，因此在短时间里实现了暴涨。但是市场一旦出现波动，甚至是板块开始轮动的时候，之前的持仓和投资策略可能就不再适用了。比如2020年如果投资者投资了白酒类主题基金，那么可能会获得较高收益。但是到了2021年上半年，白酒类主题基金跌得让所有人都目瞪口呆。
- 年度业绩并不是线性的，对于基金业绩考察最好拉长一点时间。这并不是说不能买冠军基金，而是需要我们拉长时间来看这只基金的整体表现。比如2013年的冠军基金收益率达到80%，2014年的时候收益率为57%，2015年的收益率为106%。因此，当我们分析一只基金的时候，最好能够以这只基金过去3年、5年，甚至10年的历史业绩表现作为参考指标，从而选出业绩表现稳定的好基金。

所以，成为某一年、两年的业绩冠军不足为奇，难能可贵的是能够长期位居前列。我们需要的是收益稳定或者说收益波动小的基金，而不是波动较大的基金。每天的收益如同过山车一样，太影响心情，更不符合我们的投资理念。

因此，对于历年的收益冠军基金，大家还是要理性对待。

对标指数的主动型基金，值得买吗

国内很多主动型基金，都以沪深 300 指数作为对标，如果基金收益跑赢了沪深 300 指数，就可以在很大程度上说明这只基金的收益不错，基金经理的管理能力很强。

但是，主动型基金有高收益的可能，同时也会有大幅下跌的风险，甚至会产生亏损。毕竟，投资者看到自己买入的基金一片"绿油油"的，心情肯定好不了。

那么，有没有哪些基金是以沪深 300 指数为主要基准，但是收益还要比沪深 300 指数高的呢？

事实上，这样的基金不少，毕竟国内市场还处于成长期，获得超额回报的机会还是很多的。有许多优秀的基金和基金经理，能够战胜市场。而我们要做的就是，筛选出优秀的基金并持有它。

不过，某只基金收益跑赢沪深 300 指数一次肯定不行，最好是连续跑赢，怎么也得连续 5 年。如果有这样的基金，投资者心里才踏实，是不是？

那么，我们要如何筛选出连续 5 年都跑赢指数的基金呢？我列出了两个筛选的要求，我们来看一看是否有这样优秀的基金存在。

- 连续 5 年均跑赢沪深 300 指数。
- 比较基准中，沪深 300 指数的收益率权重不能少于 70%。

方便起见,我以一只基金作为例子,来分析一下如何评估有这样潜质的好基金(需要说明的是,这里只做案例说明,不作为投资建议)。

我们以汇添富价值精选混合 A 基金作为案例。在案例基金的页面里,点击"基金概况",如图 4-1 所示。

```
汇添富价值精选混合A(前端:519069  后端:519070)

净值估算2021-08-19 15:00       单位净值(2021-08-19)      累计净值
3.591 6  -0.021 4             3.600 0  -0.36%          5.297 0
         -0.59%

近1月: -9.21%                  近3月: -7.83%            近6月: -19.82%
近1年: 7.05%                   近3年: 72.35%            成立来: 767.33%

基金类型:混合型-偏股 | 中高风险  基金规模:221.15亿元(2021-06-30)  基金经理:劳杰男
成 立 日:2009-01-23            管 理 人:汇添富基金        基金评级:★★★★☆

基金档案    基金概况    基金经理    基金公司    历史净值    阶段涨幅    分红送配    持仓明细
```

图 4-1　案例基金基本情况

资料来源:天天基金网。

在进入基金概况页面之后,我们就能够看到基金的详细信息,在"业绩比较基准"一栏里,我们可以看到案例基金的业绩比较基准为(见图 4-2):

沪深 300 指数收益率 × 80% + 上证国债指数收益率 × 20%

从业绩比较基准这一项筛选要求来看,案例基金符合"沪深 300 指数的收益率权重不能少于 70%"的要求。

可以说,这只基金在设立之初就是要对标沪深 300 指数,作为混

基本概况		其他基金基本概况查询：请输入基金代码、名称或简拼	
基金全称	汇添富价值精选混合型证券投资基金	基金简称	汇添富价值精选混合A
基金代码	519069（前端）、519070（后端）	基金类型	混合型-偏股
发行日期	2008年12月17日	成立日期/规模	2009年01月23日 / 15.125亿份
资产规模	221.15亿元（截至2021年06月30日）	份额规模	54.659 2亿份（截至2021年06月30日）
基金管理人	汇添富基金	基金托管人	工商银行
基金经理人	劳杰男	成立以来分红	每份累计1.70元（11次）
管理费率	1.50%（每年）	托管费率	0.25%（每年）
销售服务费率	—（每年）	最高认购费率	1.20%（前端）
最高申购费率	1.50%（前端） 天天基金优惠费率：0.15%（前端）	最高赎回费率	1.50%（前端）
业绩比较基准	沪深300指数收益率×80%+上证国债指数收益率×20%	跟踪标的	该基金无跟踪标的

图4-2 案例基金业绩比较基准

资料来源：天天基金网。

合基金，在收益目标上肯定不只是为了复制指数的收益水平，一定是要有所超越。

接下来，我们就从收益上看一看这只基金和沪深300指数的对比，如图4-3所示。

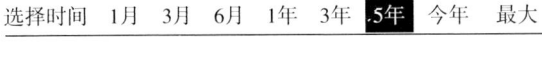

图4-3 案例基金收益对比

资料来源：天天基金网。

我们来看一看案例基金和沪深300指数的收益率曲线。一方面，案例基金和沪深300指数的走势基本一致，对指数的复制比较完美；另一方面，随着时间的增加，案例基金的累计收益比沪深300指数收益更多，并且差距不断拉大。如果长期持有案例基金的话，是有跑赢沪深300指数收益的可能的。

不过，前文已经提到，很多基金经常是一年的收益非常高，有高达50%以上的年化收益率，但是下一年的收益率直接变成-20%，波动很大。另外，有些基金某一年的收益非常高，即使之后几年出现收益下滑，累计来看收益还是不错的。

那么我们选中的这只基金是哪样的呢？

我们从年度收益的角度来看一看案例基金和沪深300指数的涨幅差异（见表4-4）。将案例基金每年的涨幅与沪深300指数的涨幅进行比较，可以看出来，过去5年里，案例基金每年的涨幅均跑赢了沪深300指数的涨幅。

可能还是有人不放心。毕竟我之前跟大家提到很多次，投资指数基金一般选择定投，定投可以平滑风险和波动，有效增加收益。

那么如果是以定投的方式进行投资，这些收益会不会被平滑掉呢？我们选取的案例基金的涨幅还能否超过沪深300指数的涨幅呢？

我们还是拿数据说话。

为了方便对比，我们选取易方达沪深300指数ETF联接基金来做对比，看一看这两只基金同时开启定投之后，它们的收益率如何，如表4-5所示。

可以看到，无论是定投1年、2年、3年还是5年，案例基金都能够轻松战胜易方达沪深300指数ETF联接基金。

当然，我之前也经常提到，收益率是我们筛选基金的重要指标之一，在选择投资某只基金的时候，还要看一看其他指标。比如这只基

表 4-4　案例基金历年收益情况

年份	2020 年	2019 年	2018 年	2017 年	2016 年	2015 年	2014 年	2013 年
阶段涨幅	47.58%	40.12%	-13.86%	28.37%	-4.33%	64.48%	38.27%	13.50%
同类平均	41.00%	32.00%	-13.93%	10.54%	-7.23%	46.34%	22.46%	14.43%
沪深300指数	27.21%	33.59%	-25.31%	21.78%	-11.28%	5.58%	51.66%	-7.65%
同类排名	1 409/4 606	1 018/3 407	1 087/2 977	185/2 768	633/1 336	138/750	93/612	270/529
四分位排名	良好	良好	良好	优秀	良好	优秀	优秀	一般

第四章　如何选择主动型基金 / 159

表4-5 基金定投收益对比

定投收益率	案例基金/%	易方达沪深300指数ETF联接/%
近1年	36.76	26.72
近2年	57.56	38.27
近3年	68.05	44.90
近5年	94.43	55.46

金的持有人结构和基金经理。

在持有人结构方面,案例基金不但规模在持续增长,而且机构投资者的占比也非常高,如图4-4所示。

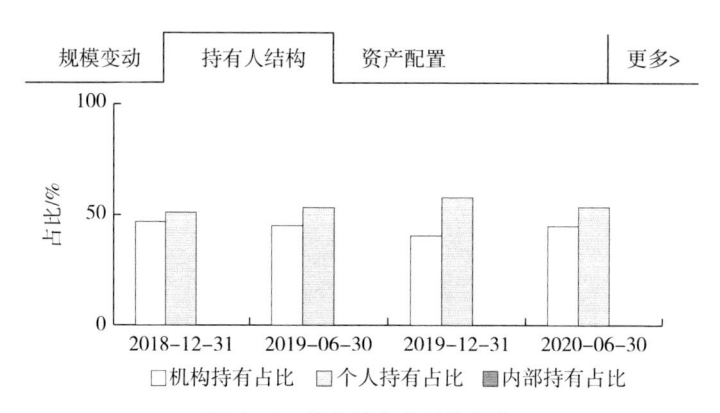

图4-4 基金持有人结构示意

注:内部持有占比相对较低,所以在图中未显示。
资料来源:天天基金网。

可以说,机构持有的比例和个人持有的比例基本上持平,这也突显出案例基金的受欢迎程度。

需要强调的一点是,机构投资者一般对基金的稳定性更为关注,所以机构投资者占比较高也能够说明某只基金的稳定性较强。

另外,案例基金的基金经理从2015年年底就开始管理这只基金,也是这位基金经理管理时间最久的基金。同时,在基金经理管理的所有基金里,这只基金的收益也是最高的。

总结下来,这是一只连续5年收益都高于沪深300指数比较基准、机构喜欢、基金经理稳定的基金，符合我们之前提出的筛选要求。

当然，案例基金只是为了举例说明如何筛选优秀的主动型基金，并不作为直接投资建议。因为这只基金后期表现如何，还需要持续研究。掌握方法是最重要的，通过这个方法，你可以挑选出更加适合你的，或者找到当下收益率更高的基金。

总结一下，如果你想选择一只跟踪沪深300指数的基金，同时又希望这只基金能够跑赢指数，那么在筛选的时候需要考虑以下因素。

- 这只基金的业绩比较基准是否是沪深300指数？
- 基金在累计收益率和定投收益率上是否均跑赢沪深300指数？
- 基金经理的稳定性和收益率如何？
- 是否得到机构投资者的认可？

相应地，我们也可以筛选出以中证500指数、创业板指数为基准的优秀基金。大家可以按照上面的方法自行尝试筛选一下。

当然，主动型基金的费率要比指数基金高，最大回撤率也很大，对于风险厌恶型的朋友来讲，主动型基金可能不太适合你，而投资被动指数基金依然是比较好的投资方式。

那些追求绝对收益的基金

人总是讨厌各种风险的。

不过股市就是这样，不以人的意志为转移。波动是常有的事，所以经常会有人被"割韭菜"。

那么，有没有一种基金可以有效缓解这种波动呢？答案是肯定的。比如我们熟悉的货币基金、纯债基金和部分银行理财产品都非常稳定但是对于购买货币基金或者银行理财产品的投资者来讲，低利率时代的到来，导致无风险利率持续下行，理财产品的收益也会不断下降，大部分银行理财产品和货币基金的年化收益率仅为2%~3%。别说实现财富增长、保值增值了，连战胜通货膨胀都比较难。

对于购买偏股型基金的投资者来说，最近两年的收益应该是很不错的，但是在2018年却是全场哀号，也就是说股票基金受市场波动影响明显，呈现出震荡走势，这对于投资者风险承受能力是一个严峻的考验。

针对这种状态，我们有没有破解之道呢？有，比如我们今天要给大家介绍的绝对收益基金。

什么是绝对收益基金

需要说明的是，绝对收益不是说稳赚不赔，而是说这类基金更加致力于严格控制回撤和波动，通过控制风险来让收益尽可能为正。

绝对收益基金的优势很明显。一方面，收益为正、追求安全性和确定性是绝对收益基金的特点，所以你也可以理解为这类基金也具有穿越牛熊市的能力；另一方面，你会发现既然这类基金能够穿越牛熊市，那么其实我们什么时候入场都可以，都能够实现较好的资产增值。

有绝对收益基金，就会有相对收益基金。相对收益基金是一个比较大的概念，这类基金的主要目标就是超越基准，比如大部分股票基金、混合基金的目标基本是赚取高收益，但是高收益就伴随高风险，所以这类基金的净值波动会比较大（见图4-5）。

要想评价一只绝对收益基金是否真实现了绝对收益目标，方法也很简单。我们拿沪深300指数一起比一比就好了。毕竟，很多主动型基金连沪深300指数都跑不赢。

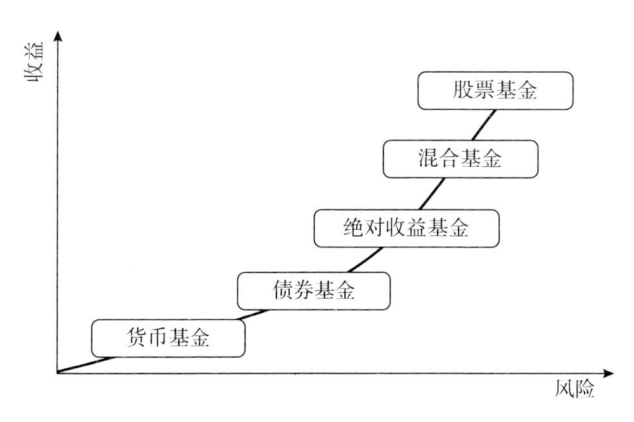

图4-5 主要类别基金收益风险

以广发趋势优选灵活配置混合A基金作为案例，如图4-6所示，过去几年沪深300指数忽高忽低，但是我们看到相对平滑的那根曲线表示的案例基金表现一直很稳定，而且是稳步增长，几年下来，两者的收益差别基本可以忽略不计了。

持有绝对收益基金显然心情会更好，毕竟这种基金不会暴跌暴涨。当然，要想达到这种状态，需要坚持长期投资。

那么，市场上绝对收益基金制胜的秘籍是什么呢？

图4-6 案例基金与沪深300指数的表现对比
资料来源：天天基金网。

第四章 如何选择主动型基金 / 163

目前来看，绝对收益基金主要通过以下 4 种方式来实现绝对收益策略①。

- 大类资产配置策略：通过大类资产配置，利用价值股、成长股、可转债、信用债等构建性价比优化的资产组合，争取长期绝对收益。
- 固收＋策略：用稳定性较高的债券资产作为底仓，再加上可转债和较高收益的权益类资产，达到增强整体收益的效果。
- 量化对冲策略：利用衍生品对投资组合进行对冲，将组合的系统性风险控制在一定范围内，从而达到降低波动，控制回撤的效果。
- 固定比例投资组合保险（Constant Proportion Portfolio Insurance，简写为 CPPI）策略：按照 CPPI 策略的要求动态调整保本资产与收益资产的投资比例，力争收益资产可能的损失额不超过安全垫。

如果总结一下上面这 4 种收益策略，我们会发现绝对收益基金增加收益还是需要从权益类，也就是股票来入手。

简单讲就是一种"债券打底，股票增值"的模式。这种模式最常见，也是值得我们去关注的。

典型绝对收益基金

下面，我们来看一看几只典型的绝对收益基金的表现如何。虽然拿

---

① 小5论基. 想要无惧震荡，不妨看看绝对收益基金. [2020-12-15]. https://view.inews.qq.com/a/20201215A0FOO800.

绝对收益基金和沪深300指数基金对比不太严谨,不过我们还是仅从收益的角度来看一看这些绝对收益基金是否有过人之处吧(见表4-6)。

表4-6 典型绝对收益基金

序号	基金名称	规模/亿元	股票占比/%	定投1年收益率/%	定投2年收益率/%
1	中银多策略混合A(000572)	15.10	18.70	8.77	17.78
2	安信稳健增值混合A(001316)	18.10	8.80	2.91	6.84
3	广发趋势优选灵活配置混合A(000215)	62.90	12.90	3.58	8.21
4	银华汇利灵活配置混合A(001289)	21.30	6.13	3.79	7.90
5	南方利众A(001335)	4.57	23.40	9.05	16.91
6	南方利淘A(001183)	3.84	24.10	10.76	18.49
7	广发聚鑫债券A(000118)	88.90	18.80	7.57	19.02

以上基金基本上每年都实现了正收益,这一点和股票基金相比就显得很难得。比如在2018年全市场都在下跌的情况下,沪深300指数基金收益率为-22%,但绝对收益基金还是能够扛得住市场的打压。上面7只基金2018年全年跌幅最大的基金的收益率为-5.28%,收益最高的基金的收益率是5.86%。

另外,从基金的构成上来看,这几只案例基金均配置了股票,这也符合刚才提到的"债券打底,股票增值"的思路,同时和其他混合基金、股票基金动辄50%以上的股票占比不同,绝对收益基金的股票占比一般符合股债2∶8的比例结构。

通过对历史数据的回测我们也能看到,这些基金中,股债比例达到2∶8的定投收益也相对比较好。

而且这并不是巧合，用中证 800 指数代表股票部分，用中证全债指数代表债券部分，我们会发现股债比例为 2∶8 的收益、波动等效果整体要比股债比例为 3∶7、4∶6、5∶5、6∶4 的要好很多。

我们再从累计收益的角度来分析一下，如图 4-7 所示。

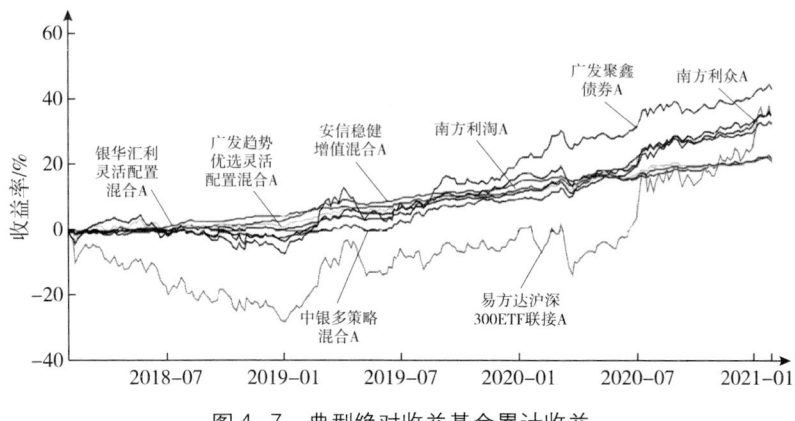

图 4-7　典型绝对收益基金累计收益

资料来源：天天基金网。

从图 4-7 中我们可以明显地看到，绝对收益基金的曲线图相对比较稳定，稳步增长。其中，最下面一条是易方达沪深 300ETF 联接 A 指数基金收益情况，其波动性与绝对收益基金相比高下立判。从收益上来看，绝对收益基金的整体表现可圈可点，甚至有一些绝对收益基金的累计收益超过了沪深 300 指数基金。

作为银行理财、货币基金以及纯债基金的有效补充，绝对收益基金一方面可以降低波动，另一方面可以重新平衡仓位，还有一定的"防中带攻"的效果，值得大家关注。

止盈三部曲

许多人看到自己买的理财产品大跌的时候要么装死不动，要么抱怨为什么自己买的基金或股票这么烂；当看到自己买的基金或股票大涨之后，又焦虑起来，到底什么时候落袋为安才好？

当然，这也可以理解，毕竟趋利避害是人的天性。但是作为一名成熟的投资者，学会止盈是一门必修课。

止盈公式1.0

止盈的重要性不言而喻，毕竟它能够决定我们投资到底能够赚多少钱，尤其是有多少钱可以真正放在自己的口袋里。国内市场经常跌多涨少，一次下跌可能要损失我们之前积累很久的浮盈。

今天介绍的这个止盈公式叫作"目标止盈法"。

我们要给自己的投资理财设定目标。比如，你的预期年化收益率为12%，那么达到目标后就要果断赎回、落袋为安，放下贪婪。

但是这个12%的收益率是有要求的。如果投资10年的收益率只有12%肯定不合适，还要考虑通货膨胀等因素。

总体来看，我们可以通过以下公式来进行评估：

目标收益率 = 预期投资年限 × （基金年化收益率 + 年通货膨胀率）

举个例子，假如你的预期投资年限是2年，基金年化收益率是12%，年通货膨胀率按照5%来计算，那么最终的止盈目标收益率为：

目标收益率 = 2 × （12% + 5%） = 34%

目标止盈公式可以帮助我们设定好最终落袋为安的目标，如果你对市场波动比较敏感，也可以在此基础上多设置几个止盈点，并且按步骤部分赎回。

比如在收益率达到 15% 的时候，赎回 1/3 的基金，剩下的份额可以继续博取高收益。总之，方法是死的，人是活的，赚到钱才是关键。

止盈公式 2.0

也许有人在运用上面的公式时会觉得有难度，尤其是难判断其中的预期年化收益率。

到底是把基金年化收益率定为 10%、15%，还是 20% 呢？

定得太低，很容易达到，但是对整体收益不满意；定得太高，难以实现，也就失去了止盈的意义。

如果我们没法自己确定，能否找一个客观指标来替代呢？

我们可以用"10 年期国债收益率"来替代基金年化收益率。国债大家都懂，有国家信用背书，也被称为"金边债券"，违约风险极低，可以看作市场上无风险的收益率基准。用它确定基金年化收益率，稳定性和可靠性都不错。

所以，我们的止盈公式就可以调整为：

目标收益率 = 预期投资年限 ×（10 年期国债收益率 + 年通货膨胀率）

假设当前的 10 年期国债收益率为 3.5%，那么定投 2 年的目标收益率为：

目标收益率 = 2 ×（3.5% + 5%）= 16%

虽然通过这个公式计算得到的目标收益率没有前面的高。但是它充分考虑了通货膨胀和无风险理财产品收益率，让目标制定更加接地气，更具有可操作性。

需要强调的是，目标收益率如何设定、设定为多少，跟每个人的实际情况有关，高也好低也罢，我们都要谨慎客观地决策。

止盈公式3.0

既然说到了止盈公式，我就对公式再进行最后一次改良。

认真学习本书前面章节的读者一定记得，前文介绍了 CPI、GDP 和 M2 等国家宏观经济指标，它们对我们国家的经济发展非常重要。如果我们的投资收益率超过 CPI 的增速，只能说明投资刚刚达标，勉强跑赢了通货膨胀；如果我们的投资收益率超过 GDP 的增速，说明投资能力跟上了国家经济发展的平均水平，我们的生活品质在稳步提升；如果我们的投资收益率超过了 M2 的增速，说明我们的投资能力已经超过了国家印钱的速度。而超过印钱的速度才是真正战胜实际的通货膨胀。

因此，我们在止盈公式里，可以把年通货膨胀率替换为 M2 增速。从过去 7 年多的 M2 增速来看，我国的 M2 平均增速在 11.3% 左右，我们四舍五入把 M2 增速定为 11%。那么公式修改为：

目标收益率 = 预期投资年限 ×（10 年期国债收益率 + M2 平均增速）

假设当前的 10 年期国债收益率为 3.5%，那么定投 2 年的目标收益率为：

目标收益率 = 2 ×（3.5% + 11%）= 29%

当然每个人的情况不同，我们需要根据自己的实际情况设定止盈目标，尤其是与自己的投资目标相匹配。要符合实际，不能好高骛远，不然只能是自己给自己挖坑。

以上3个止盈公式，大家可以根据自己的实际情况选择。

定投多久需要止盈

前面说了止盈的3个公式，那么定投需要止盈吗？

事实上，定投也是需要止盈的。毕竟"会买的是徒弟，会卖的才是师傅"。

基金定投，尤其是定投初期的时候由于本金并不多，可以不用考虑止盈。

10万元获得10%的收益，必然要好过1 000元获得90%的收益。

那么这个"定投初期"是多久呢？或者说定投多久之后，要考虑止盈呢？是3年、5年还是10年？

我们都知道基金定投的主要优势就是"分批买入，均摊成本"。因为每一次扣款买入，都会影响整体的投资成本。但是，这种影响随着时间的推移以及定投次数的增加是逐步衰减的。

假如你是按月定时定额买入基金，即每月投资2 000元买入A基金，定投5个月、20个月、50个月、120个月的扣款情况如下（具体见表4-7）。

- 如果定投了5个月，总计投入1万元，那么下个月定投扣款占定投总成本的20%。
- 如果定投了20个月，总计投入4万元，那么下个月定投扣款占定投总成本的5%。
- 如果定投了50个月，总计投入10万元，那么下个月定投扣款占定投总成本的2%。
- 如果定投了120个月，总计投入24万元，那么下个月定投扣款占定投总成本的0.83%。

表4-7 定投扣款情况统计

定投次数	定投金额/元	定投总额/万元	下次扣款占比/%
5 个月	2 000	1	20
20 个月	2 000	4	5
50 个月	2 000	10	2
120 个月	2 000	24	0.83

也就是说，随着时间的推移，单次定投金额对总成本的影响已经非常小。比如在第50次的时候，只占总成本的2%。而2%的占比很有可能会被基金交易日的净值波动所覆盖。更别说定投超过100次，甚至是120次的时候。

也就是说，随着定投次数的增加，基金定投均摊成本的影响越来越小，基本可以忽略不计。

而此时的基金基本上和股市本身的收益率相关性越来越大，波动情况基本就是市场本身的波动表现，和一次性买入某只基金或者股票的波动没有什么大的差别。

如果遇到市场持续下跌，定投基金的净值几天的下跌就可能超过10%，甚至更多。这个时候对我们的收益影响也非常大。

所以，在定投超过一定次数的时候，我们就可以考虑止盈了。

那这个定投次数多少算合适呢？

如果你已经累计定投超过50次，那么定投金额占总成本的比例已经非常低，这时就可以有意识地关注一下整体的收益情况，准备卖出，落袋为安了。在收益和本金落袋为安之后，我们就完成了一次投资的"闭环"。

落袋为安之后呢

当停止一轮基金定投之后，我们就可以启动新一轮的基金定投了。

新的基金定投可以让份额再一点点地积累，而且也不用担心波动，新的定投周期会平滑波动曲线。而这次，你会更加从容。

简单总结一下止盈的方法：

- 目标收益率是比较客观、简单易学的止盈方法。
- 定投累计扣款 50 次以后，就要考虑止盈了。
- 目标达成之后，可以落袋为安。
- 及时启动一个新的定投计划。

基金收益如何计算

大家投资基金就是为了赚钱。所以，如何把我们投资的收益算清楚，是一件非常重要且紧迫的事情。

我们按照先易后难的顺序来逐个讲解基金投资收益如何计算。

基金一次性投入收益计算

基金投资有很多方式，如果我们十分看好某只基金，那么就可以对这只基金进行一次性投入。比如，我们看好 A 基金，觉得 A 基金不但收益高、稳定性强，而且基金经理能力不俗，那么我们一次性投入 5 万元，在持有 467 天后，基金总额变成了 65 879.8 元。那么，持有这只基金的总收益是多少呢？年化收益率又是多少呢？

我们以天天基金网的"收益计算器"工具为例来计算一下。

我们可以在天天基金网的官网首页"投资工具"板块上找到"收益计算器"的链接。点击进去之后，我们按照要求，把投入本金、收回金额、持有期限 3 个内容填写完成，点击"计算"，就可以得到总收益率和年化收益率的具体结果（见图4-8）。

基金收益计算器

请在下列输入框中填写数字

投入本金：	50 000	元
收回金额：	65 879.8	元
持有期限：	467	天

计算　　清除

计算结果

持有期总收益率：　31.76　　%

持有期年化收益率：　24.82　　%

图4-8　基金收益计算器

资料来源：天天基金网。

从图4-8中我们可以看到，如果基金的一次性投入为5万元，在经过1年多的持有之后，总收益率达到31.76%，年化收益率为24.82%。

需要说明的是，这个计算工具主要用来计算基金一次性投入的情况，如果想计算基金定投的收益，需要用到下面的方法。

基金定投收益计算

基金定投是我特别推荐大家选择的投资基金的方式，简单方便，不用自己每天盯盘操作，更重要的是可以避免基金波动对自己情绪的影响。那么如何计算基金定投的收益情况呢？我们可以用基金定投收益计算器来计算一下（见图4-9）。

从图4-9中我们可以看到，对于基金定投收益的计算，首先我们

基金定投收益计算器

图 4-9　基金定投收益计算器

资料来源：天天基金网。

要把自己定投的基金代码录入；之后要确认定投的开始时间，接着要确认是按月定投还是按周定投，以及最关键的每次定投的时间和投资的金额；最后要选择的是分红方式，一般会默认红利再投，也就是用基金分红之后的钱再次买入该基金。有了以上信息，我们就可以对投资的基金进行测算了。

假如我投资了汇添富全球消费混合人民币 A 基金，代码是 006308，按照"每周五定投，每次 500 元"的计划开始。定投开始时间是 2019 年 3 月 1 日，以后定投都是按照每周五开始投资，那么最终我们投资的收益率见图 4-10。

基金定投收益计算器

请在下列输入框中填写数字，* 项为必填项

*定投基金： 006308　　输入定投基金

*定投开始日： 2019-03-01　　选择定投开始日

定投结束日：　　　　选择定投结束日

定投赎回日：　　　　选择定投赎回日

*定投周期： 每 1 周　　选择定投周期

定投日： 星期五　定投日1~28或周一~~周五

申购费率：　　　% 例如：1.5

*每期定投金额： 500 元 例如：500

*分红方式： ○现金分红 ●红利再投　选择分红方式

☑开始日为首次扣款日　请根据实际情况选择

[计算]　[清除]

图4-10　案例基金的计算示范

资料来源：天天基金网。

我们把相关数据信息输入之后，可以得到以下计算结果（见表4-8）。

表4-8　案例基金的计算结果（截至定投赎回日的收益）

定投总期数	投入总本金/元	分红方式	期末总资产/元	定投收益率/%
103期	51 500.00	红利再投	91 316.53	77.31

可以看到，通过定投收益计算器，我们总计定投投入本金51 500.00元，最后获得总资产91 316.53元，定投2年的收益率达到77.31%。

需要指出的是，有的定投时间并非是周五，而是周一或者是周四，这是因为遇到节假日的时候，基金会在假期结束后的第一个交易日进

第四章　如何选择主动型基金／175

行定投资金的补扣。

细心的读者可能也发现了，这个定投收益计算器不但能够计算我们投资的基金的收益情况，还可以对我们感兴趣的基金进行数据回测。

比如，我们看好某只基金，就可以通过基金定投收益计算器来测算一下定投这只基金一定时间之后的收益是多少，从而帮助我们判断这只基金的历史投资收益如何，是不是我们该选择的基金。

不定期定额基金收益计算

定投虽好，但还是有人不满足，期盼收益高一点，再高一点。

因此，经常会有人在基金定投的基础上，看到市场大跌，就临时加仓；或者觉得市场跌得太多，暂停一两个月的定投。那么这个时候该如何计算基金收益呢？

毕竟此时定投时间不固定，定投金额不固定，很难用前面介绍的方法来计算。因此，我们可以用"Excel"表格里自带的函数——XIRR（返回现金流计划的内部回报率）函数来计算这种基金投资收益。

使用 XIRR 函数时，我们需要在 Excel 表格中输入每次投资的时间和金额，需要注意以下几点。

- 输入的投资时间和金额要格式统一。
- 每次投入的金额要用负数表示，相当于要把钱扣除。
- 在投资截止时间里，把持有基金的金额填写进去，之后使用 XIRR 函数计算收益。

下面我们来详细演示一下，方便大家掌握 XIRR 函数的使用（见表 4-9）。

表 4-9 XIRR 函数使用方法演示

时间	投资金额/元	备注
2020 年 1 月 8 日	-2 000	
2020 年 2 月 19 日	-2 000	
2020 年 4 月 16 日	-800	
2020 年 5 月 20 日	-2 000	
2020 年 5 月 24 日	-3 000	
2020 年 7 月 19 日	-2 000	
2020 年 7 月 22 日	-500	
2020 年 7 月 27 日	-1 000	
2020 年 8 月 25 日	-2500	
2020 年 9 月 18 日	-200	
2020 年 10 月 17 日	-3 000	
2020 年 11 月 9 日	-200	
2020 年 12 月 18 日	-800	
2021 年 1 月 26 日	-1 500	
2021 年 1 月 28 日	-3 000	
2021 年 2 月 23 日	-2 000	
2021 年 3 月 4 日	-1 000	
2021 年 3 月 4 日	39 800	当前基金市值

我们以表 4-9 所示的这个投资作为案例，大家可以看到以下情况。

- 投资时间不固定。比如 2020 年 5 月、7 月等都投资了多次，而 2020 年 3 月和 6 月并没有投资。
- 投资金额不确定，每次投资的金额都有变化，最高的时候达到 3 000 元，最低的时候为 200 元。需要再次说明的是，每次投入的金额，是用负数表示的，大家在使用 XIRR 函数的时候需要注意。
- 表 4-9 中最后一行，记录的是当前基金的市场价值，这个时候基金市值是用正数表示。

以上是我们录入的投资基本信息,下面我们来看一看如何使用XIRR函数。

首先,我们需要在Excel中点击"插入函数"(见图4-11)。

图4-11 插入函数

点击之后进入函数筛选页面,我们需要对两个选项内容进行选择并确认(见图4-12)。

图4-12 选择XIRR函数

一是在选择类别里选择"全部"或者"财务",因为 XIRR 函数是"财务"类别的函数,同时也在"全部"类别中,所以这两个选项中都包含 XIRR 函数,在图 4-12 中我是从"全部"类别中进行选择的。

二是在"选择函数"的下拉菜单里,选择 XIRR 函数,也就是返回现金流计划的内部回报率函数。

之后点击"确定",进入 XIRR 函数参数选项卡(见图 4-13)。

图 4-13　参数选项卡

在函数参数选项卡里,我们需要确认 Values 和 Dates 两个参数的数值。这两个参数很好理解,Values 针对的是基金投入的金额以及最终的基金市值,Dates 针对的是投资的具体时间。点击黑色向上箭头的图标,直接在表格中选中对应的数据区间即可(见图 4-14)。

同理,将 Dates 的数据区间选定好之后,就可以得到如图 4-15 所示界面。Values 和 Dates 分别包含了具体的数值区间,确认无误后点击"确定"就可以得到 XIRR 函数公式的计算结果。

时间	投资金额	备注
2020-1-8	-2 000	
2020-2-19	-2 000	
2020-4-16	-800	
2020-5-20	-2 000	
2020-5-24	-3 000	
2020-7-19	-2 000	
2020-7-22	-500	
2020-7-27	-1 000	
2020-8-25	-2 500	
2020-9-18	-200	
2020-10-17	-3 000	
2020-11-9	-200	
2020-12-18	-800	
2021-1-26	-1 500	
2021-1-28	-3 000	
2021-2-23	-2 000	
2021-3-4	-1 000	
2021-3-4	39 800	当前基金市值

=XIRR（C3:C20）

图4-14 选择区域

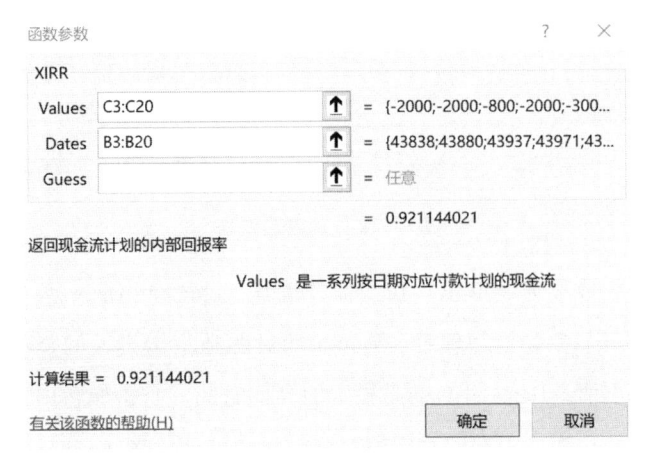

图4-15 选定区域后的界面

点击"确定"后，就可以在对话框中看到最终的计算结果是92.11%。也就是说，不定期不定额的基金投资年化收益率为92.11%（见图4-16）。

时间	投资金额	备注
2020-1-8	-2 000	
2020-2-19	-2 000	
2020-4-16	-800	
2020-5-20	-2 000	
2020-5-24	-3 000	
2020-7-19	-2 000	
2020-7-22	-500	
2020-7-27	-1 000	
2020-8-25	-2 500	
2020-9-18	-200	
2020-10-17	-3 000	
2020-11-9	-200	
2020-12-18	-800	
2021-1-26	-1 500	
2021-1-28	-3 000	
2021-2-23	-2 000	
2021-3-4	-1 000	
2021-3-4	39 800	当前基金市值
	92.11%	

图 4-16 最终结果

有了 XIRR 函数，大家可以随时计算投资的收益情况，不用担心临时加仓而导致难以计算收益的情况出现。

第五章

如何选择基金经理

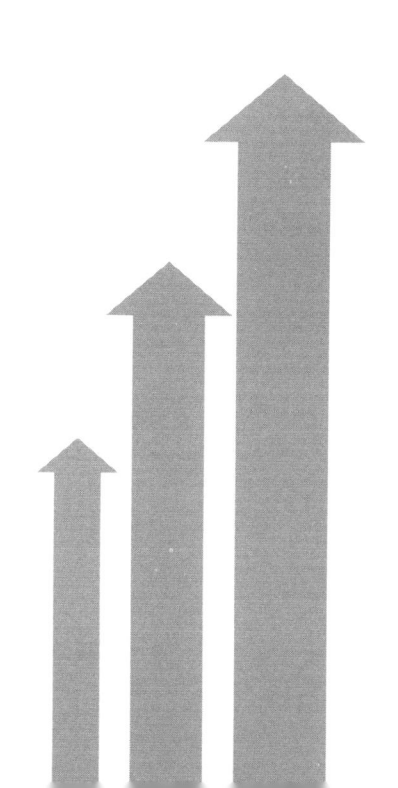

看懂基金经理的 4 种投资风格

基金经理的重要性，我们再强调也不过分。尤其是对于主动管理基金来说，选择了基金经理相当于把择时、选股等问题全部交给了基金经理和基金公司来解决。

因此，理解和认同基金经理的投资风格非常重要，毕竟我们正是需要通过这样的风格赚钱，这也是我们赚钱背后真正的逻辑。如果我们稀里糊涂就赚了钱，那么我们也会很容易稀里糊涂把赚到的钱亏回去。

那么，我们该如何看懂基金经理的投资风格呢？下面，我从 4 个方面来给大家介绍一下。

仓位管理

面对市场变动，基金经理是否会主动调整仓位呢？比如我在写这本书的时候，是 2021 年年初，市场波动比较大，2020 年大涨的白酒领域出现大幅下跌。

一部分基金经理面对市场的巨大波动，倾向于自上而下对市场进行判断，通过频繁调整股票总仓位比例，来应对市场给投资带来的波动性。例如，A 基金之前的股票仓位占比达到 80%，但是市场波动较大，基金经理把股票仓位占比降低到 50%。另一部分基金经理不以市场波动为选股的唯一依据，而是倾向于自下而上聚焦企业本身来选股，较少调整股票总仓位比例。

行业与风格偏好

基金经理对行业是否存在特定的偏好？在 A 股有一定投资经验的人可能会有感知，行业和风格轮动是 A 股的主要特点。同时，基金经理也有自己擅长的行业和领域。比如，有的基金经理比较擅长债券投资，在该领域能够获得较好的投资收益。有的基金经理擅长医药行业、周期行业等。

基金经理不是全能型选手，总有自己擅长的行业或者风格。因此，我们在选择基金的时候，可以根据基金经理的特长来选择。

持股调整

基金经理是否会经常换股呢？有些基金经理更加喜欢长期重仓某些看好的股票；而另外一部分基金经理倾向于频繁调整持仓股票。一般情况下我们可以用换手率作为主要衡量指标（见表 5-1 和表 5-2）。

表 5-1　A 基金的换手率

报告期	基金换手率/%
2020 年 6 月 30 日	396.00
2019 年 12 月 31 日	195.82
2019 年 6 月 30 日	355.22
2018 年 12 月 31 日	24.46

表 5-2　B 基金的换手率

报告期	基金换手率/%
2020 年 6 月 30 日	71.96
2019 年 12 月 31 日	78.68
2019 年 6 月 30 日	93.46
2018 年 12 月 31 日	111.03

从以上两只基金的换手率中，大家可以看到，A 基金的换手率明显要高于 B 基金。

需要指出的是，换手率要在同一个类型的基金之间对比，也就是说混合基金和混合基金一起对比，股票基金与股票基金一起对比。不同类别的基金之间对比换手率没有意义。

持股集中度

基金经理管理的基金持股是否集中呢？基金持股集中度越高，那么，一旦出现板块轮动，基金的波动性就越大，但这在一定程度上也反映出基金经理对持有股票的看好程度。可以通过基金前十持仓占比比较持股集中度，我们以 A 基金和 B 基金为例（见表 5-3 和表 5-4）。

表 5-3　A 基金股票持仓

股票名称	持仓占比/%
中国中免	6.43
腾讯控股	5.77
拼多多	4.87
分众传媒	4.70
哔哩哔哩	4.42
贵州茅台	3.95
小米集团 - W	3.81
特斯拉	3.68
苹果	3.65
美团 - W	3.56
前十持仓占比总计	44.84

表5-4　B基金股票持仓

股票名称	持仓占比/%
贵州茅台	9.96
洋河股份	9.83
泸州老窖	9.75
五粮液	9.74
通策医疗	6.41
美年健康	5.30
苏泊尔	4.22
上海机场	4.11
宇通客车	4.09
天坛生物	3.98
前十持仓占比总计	67.39

从案例中可以看出来，A基金前十大股票占比为44.84%，B基金前十大股票占比为67.39%。相对来说B基金持股集中度较高。

此外，除了需要考虑基金经理以上4种投资风格，我们在筛选基金经理的时候，还需要重点考虑以下3个方面。

- 基金经理的长期业绩稳定性。评估基金经理的业绩时不应局限在某一只基金，而应观察他管理的所有基金的收益情况。如果管理10只基金，只有1只基金收益较好，其他9只基金收益均低于平均水平，那么这样的基金经理要慎重选择。
- 基金经理的专注度。每个人的精力是有限的，基金经理即使能力再强也有其能力边界。因此，基金经理管理的基金数量过多，精力难免会被分散。
- 基金经理跳槽。基金经理换工作再正常不过，但是不同基金经理的投资风格和思路是不一样的。如果一只基金更换了基金经理，那么就算这只基金历史业绩再好，也需要警惕。

机构青睐哪些基金经理

经过前面几章的介绍，相信大家对于筛选基金有了比较全面的认识。比如筛选基金的时候不但要看基金历史收益盈亏，还要通过最大回撤率和夏普比率等指标看一看基金的波动情况，通过基金的持仓特点判断基金经理的投资风格等，从而更加科学地筛选出适合自己的优秀基金。

从本质来讲，以上这些方法都属于直接筛选基金的方法，这一节主要向大家介绍一个间接的方法来筛选基金。正如前文介绍的，"机构投资者占比"其实是一个比较客观的分析维度。

所谓机构投资者，其实是相对于个人投资者而言的。机构投资者一般对市场行情、信息获取、基金经理等方面有成体系的研究分析优势，通过机构投资者的投资占比，我们就可以间接地判断这只基金是否值得投资。

虽然牛顿不买基金，但是他有句话很适合买基金的我们：如果说我看得远，那是因为我站在巨人的肩上。站在机构投资者这些"巨人"的肩膀上，我们或许就能够选到较好的基金。

下面，我们选择一只基金来看一看，如何分析一只基金的机构投资者占比情况。

在天天基金网上，我们输入感兴趣的基金名称，在基金页面里就能找到，如图5-1所示内容。

从图5-1中可以看到，不同时期基金中机构持有占比、个人持有占比的情况。如果想查看更详细的信息，可以点击"更多"。点击"更多"后，我们可以看到基金近5年的持有人变动详情（见表5-5）。

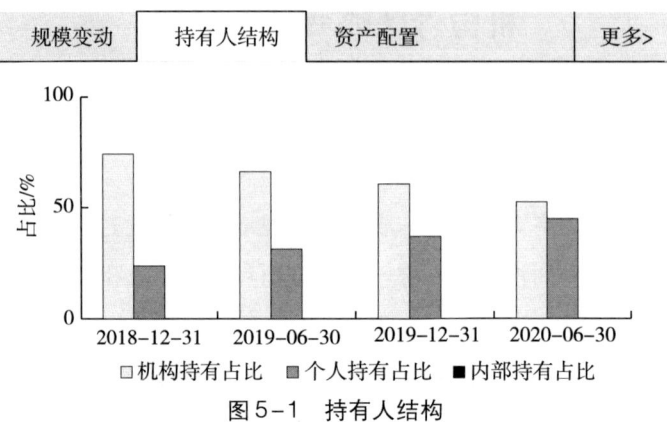

| 规模变动 | 持有人结构 | 资产配置 | 更多> |

图5-1 持有人结构

注：内部持有占比较低，所以未在图中显示。
资料来源：天天基金网。

表5-5 持有人变动详情

公告日期	机构持有比例/%	个人持有比例/%	内部持有比例/%	总份额/亿份
2020-06-30	53.87	46.13	0.10	25.86
2019-12-31	62.74	37.26	0.10	25.12
2019-06-30	68.21	31.79	0.13	14.86
2018-12-31	74.74	25.26	0.11	14.98
2018-06-30	76.02	23.98	0.12	14.81
2017-12-31	77.99	22.01	0.08	9.84
2017-06-30	49.02	50.98	0.03	3.14
2016-12-31	38.66	61.34	0.03	2.76
2016-06-30	28.64	71.36	0.01	2.48
2015-12-31	24.88	75.12	0.00	2.35
2015-06-30	28.94	71.06	0.00	2.96
2014-12-31	18.25	81.75	0.00	1.64

资料来源：天天基金网。

从案例基金的持有人变动情况来看，案例基金机构持有者比例最高的时候达到 77.99%，即使出现下降，2020 年其占比也达到了 53.87%，比例还是非常高的。说明机构投资者是用真金白银在投资。

下面简单介绍一些持有者的不同定位。

机构持有者：主要是指企业法人、事业法人、社会团体或其他持有该基金份额的组织。

个人持有者：这个好理解，我们大多数普通投资者都属于这个范畴。

内部持有者：主要是指持有该基金的基金管理公司内部的从业人员。

机构持有者占比高低是一个相对简单的指标，但是这背后有着投资者对基金的一些观察和思考。

- 机构投资者相对个人投资者来讲，会更理性一点。这在投资操作上也会有所体现，比如机构投资者持有基金的周期一般会比较长。再比如部分机构投资者，尤其是银行和保险机构往往更注重对风险的控制，一般都会有绝对收益的思维[①]。

- 机构投资者偏好规模较大的基金。是的，你没看错，是规模较大的基金。这是因为机构本身的资金量就很大，我们普通人每次定投超过 1 万元的就很少，机构投资者动辄十几亿、几十亿元地进行投资。所以机构投资者更看重基金经理能否驾驭大量资金，或者说能够驾驭大量资金并且还能获得较高收益的基金和基金经理才是机构投资者真正喜欢的。

- 客观看待机构投资者的投资。前面虽然说了很多机构投资者投资某只基金的优势，但是这依然只是一种间接的方式。我们只有把收益、基金经理投资理念、基金波动性等直接指标和机构

---

① 小 5 论基. 最受机构青睐的基金经理都有谁. [2020-9-29]. https://view.inews.qq.com/a/20200929A0GUVL00.

投资者这个间接指标综合起来使用，才能够进一步提高基金投资的整体胜率。

明星基金经理的投资逻辑

基金经理的重要性不言而喻，尤其是主动型基金的基金经理，可以说他们是决定我们基金投资能否获得理想收益的关键所在。

比如，这两年比较知名的张坤、葛兰、周应波、萧楠等一批基金经理，已经不仅仅是专业投资领域大家耳熟能详的人物，更"破圈"受到很多刚刚接触理财和基金的普通投资者的关注。

当然，业绩也仅仅是基金经理的重要考核指标之一，更为重要的是我们需要了解其管理的基金取得高收益背后的逻辑是什么。

比如张坤，从2012年到现在的8年多时间里，管理的基金规模超过1 100亿元，管理基金8年多来的年化收益率超过了26.4%，最大回撤率为35%。

在张坤之前还有一位知名的基金经理，他在2005年到2012年7年多时间里的回报率接近1 200%，年化收益率达到50%，单从收益率上来看，他管理基金的收益率比张坤管理基金的收益率更高。这个人就是王亚伟。

回顾知名基金经理不是让大家现在就去投资他们管理的基金，而是想让大家知道这两位基金经理为什么取得如此高的收益。

这两位明星基金经理创造的高收益不在同一个时间段，但是在时间上形成了无缝衔接。那么他们的投资风格又如何呢？是一脉相承还是各有当时的时代特色呢？

金融学者唐涯通过对比两位知名基金经理的基金持仓情况，发现了两者的不同。

同样拿沪深 300 指数作为基准，王亚伟管理的基金对重点行业的配置明显比较高，93% 的超额收益都可以用行业配置来解释。而张坤管理的基金对个股的持仓比重则更高，贡献率高达 63%，而且他是长久持有这些股票。

换句话说，王亚伟管理基金的超额收益主要缘于行业配置，而张坤管理基金的超额收益主要归功于个股占比比较高。

这和我们最近在市场上的感受也比较一致。比如张坤比较看好白酒，而且是长期看好，从 2013 年就开始了。

另外，在换手率方面，两位明星基金经理的风格也不尽相同。这里先简单介绍一下什么是换手率。

换手率就是基金经理买卖股票的频次，主要衡量基金投资组合变化的频率。换手率越高，说明基金经理买卖股票越频繁，越倾向于择时波段操作；基金换手率越低，说明基金经理买卖股票频次不高，比较谨慎，更倾向于买入股票后长时间持有。

如果说基金经理频繁调仓主要是看周期、看机会，有稳健的投资理念和专业投资知识做支撑，那么大部分普通投资者买卖股票择时主要看 K 线、看心情。

回过头来，我们看到，张坤的换手率在最近 2 年多平均仅为 90.6%，而且最近两次的换手率均低于 80%（以 80% 的换手率为例，说明基金经理持有股票的时间约为 1.25 年）。这和市场上基金经理平均 300%（持有股票时间约为 4 个月）的换手率比起来还是稳健很多。

回顾知名基金经理不是要让大家现在就去投资他们管理的基金，而是想让大家知道这两位基金经理取得如此高的收益的原因，并通过分析他们的差异帮助我们投资。

过去，我们经常看到市场出现暴涨暴跌，一会儿千股涨停，一会几千股跌停。市场经常受到政策影响出现情绪性的大面积波动，个股价格没有能客观反映企业自身的独特价值。也就是说，国内市场在前期对个股的价值挖掘效率不够高。

但随着资本市场的改革以及投资者的进一步成熟，启动整个市场普涨普跌的动力在减弱，板块分化比较明显。优质企业开始分化、突显出来，反映在股票市场上就是行业赛道竞争开始向企业竞争倾斜。

这个时候关注个体，或者说关注优质企业的投资策略就变得尤为重要，并显现出优势和威力。关注优质企业，树立价值投资的理念。这是我们经常挂在嘴边的话，也是许多全球知名投资家，比如巴菲特和查理·芒格，长期坚持的投资理念。现在这个理念终于开始在国内市场体现出些许价值。

所以，无论我们投资个股还是投资基金，都需要对这个趋势加以关注，那就是在选择潜力巨大行业的基础上，更加注重选择优质企业。

当然，这个过程一定不是线性的，必然还有各种波折、困难，而且会很漫长。我们每个人的努力当然很重要，但是要想实现自己的目标，也要和历史进程紧密结合在一起。

把钱交给专业的人，把时间留给爱的人。

如何了解基金经理的投资理念

当判断主动型基金是否值得投资时，我们一般最关心的是收益。但事实上，适合自己的主动型基金关键不在于盈利高低，而在于主动型基金的"灵魂"——基金经理的投资理念是否符合我们的预期。毕竟我们都把钱交给他们去打理了。

买基金是为了增加额外收入，而不是增加额外支出。所以我们需要经常了解基金经理的投资理念，还要看一看基金经理是否真在践行自己的投资理念。

毕竟，行胜于言嘛。

下面以几位较知名的基金经理为例，从他们管理基金的 2020 年 4 季度报告，来看一看这些基金经理操盘时的逻辑。

如何查看基金报告

首先，来看一看怎么找基金的季度分析报告。给大家做一个演示。

第一步：要找到你关注的基金，我们以"易方达蓝筹精选混合基金"为例。进入天天基金网站后，搜索基金名字进入易方达蓝筹精选混合基金的页面，我们可以在右下角看到"基金公告"4 个字（见图 5-2）。

图 5-2　在基金页面中的"基金公告"

第二步：点击"基金公告"的链接之后，就能看到基金公司发布的所有公告内容，我们根据时间可以找到 2021 年 1 月 21 日发布的易方达蓝筹精选混合基金第 4 季度报告（见图 5-3）。

第三步：点击"易方达蓝筹精选混合型证券投资基金 2020 年第 4 季度报告"，就可以查询基金公司和基金经理第 4 季度基金整体运营的信息了。当然，天天基金网发布在网页端的报告对格式没有整理和完善，阅读体验不是特别好。大家可以点击报告页面右上角的"查看 PDF 原文"，阅读起来会轻松很多。

标题	公告类型	公告日期
易方达蓝筹精选混合型证券投资基金2021年第2季度报告	定期报告	2021-07-20
易方达蓝筹精选混合型证券投资基金2021年第1季度报告	定期报告	2021-04-19
易方达蓝筹精选混合型证券投资基金2020年年度报告摘要	定期报告	2021-03-30
易方达蓝筹精选混合型证券投资基金2020年年度报告	定期报告	2021-03-30
易方达蓝筹精选混合型证券投资基金2020年第4季度报告	定期报告	2021-01-21
易方达蓝筹精选混合型证券投资基金2020年第3季度报告	定期报告	2020-10-28
易方达蓝筹精选混合型证券投资基金2020年中期报告摘要	定期报告	2020-08-28
易方达蓝筹精选混合型证券投资基金2020年中期报告	定期报告	2020-08-28

图5-3　在基金公告页面点击第4季度报告

基金经理在报告里都说些什么

掌握了如何查询基金报告，下面我们就来看一看基金经理在报告里都会说些什么。

案例一：易方达张坤

比如，易方达基金公司的基金经理张坤，是历史上第一个管理资产规模超过1 000亿元的主动型权益类基金经理。

他在第4季度基金报告里提道："回顾过去，在每个时间点市场演绎得都很有逻辑，然而站在当时看未来，却感觉无比模糊。"

大家是否有同样的感觉？每天关注基金的涨跌有时候"只缘身在此山中"，并没有看清整个趋势和市场变化，当年报出来或者回顾过去一两年投资热点和趋势的时候，反而能够总结出一些规律或者得出一些感悟。

以张坤在易方达蓝筹精选混合型证券投资基金2020年第4季度报告里提出的内容为例，报告截图如图5-4所示。

回首今年的股票市场，经历了乐观（1月预期经济强劲）、悲观（2月初国内突发疫情）、乐观（3月初预期流动性宽松）、悲观（3月底海外疫情爆发）、乐观（4月后预期流动性宽松和经济恢复）跌宕起伏的变化。回顾过去，在每个时间点市场演绎得都很有逻辑，然而站在当时看未来，却感觉无比模糊。回顾过去，并不是为了能够更好地判断未来的市场走势或者风格，而是再次提醒自己并不具备这个能力。

我们认为，投资是在纷繁的因素中找到少数重要且自己能把握的因素，利用大数定律，不断积累收益。诸如宏观经济、市场走势、市场风格、行业轮动，这些因素显然是重要的，但坦率地说，这并不在我的能力圈内。我们认为自己具有的能力是，通过深入的研究，寻找少数我们能理解的优秀企业，如果这些企业具有好的商业模式、显著的竞争力和议价能力、广阔的行业空间以及对股东友好的资本再分配能力，使我们能够大概率判断5~10年后公司产生的自由现金流将显著超越目前的水平，作为股东自然能分享到公司成长的收益。然而，收益的分布不是均匀的，"市场先生"的短期情绪也不稳定，对某个公司会在一个阶段冷落，一个阶段又富有热情，然而长期来看，"市场先生"能基本准确地反映一个企业的价值。我们认为，不论宏观环境如何变化，优质企业通常具备良好的应对能力，以本次疫情为例，不少优质企业都应对得当，通过提升市占率对冲疫情对行业的负面冲击。

最后，我们对于中国资本市场的长期前景是乐观的，相信会有一批优质的企业不断长大、稳住并且长寿。我们将坚持深度研究，希望能选出一些高质量企业，长期陪伴并分享这些优秀公司的经营成果。

图5-4　易方达蓝筹精选混合型证券投资基金2020年第4季度报告截图

上面这段话内容比较多，我总结一下张坤的意思。

- 每个人都有自己的能力圈，预测市场很难。
- 选择优秀企业，尤其是具有长期（5~10年）发展潜力和水平的好企业。
- 市场短期经常波动，但是优质企业值得长期持有。

如果对上面这3条再浓缩一下的话,那就是:选择好企业,拿住不下车。

以上就是我理解的张坤的投资理念,大家感兴趣的话可以再详细阅读一下他的投资报告。同时,也可以看一看张坤持有的股票仓位等信息,来判断一下这位基金经理是否在践行自己的投资理念,以及实际效果如何。

案例二:中欧周应波

中欧基金公司的基金经理周应波,管理基金资产总规模为498亿元,在规模上远超大部分基金经理。

以他在管理的中欧时代先锋股票型发起式证券投资基金2020年第4季度报告提到的内容为例,报告截图如图5-5所示。

> 组合管理方面,在前几个季度基础上,我们一是坚持了聚焦个股,在管理规模增加的同时总体上保持了稳定且较高的集中度;二是继续多做减法、聚焦研究,聚焦重点看好的投资机会,主动放弃看不懂、看不透的机会。同时,基金管理团队扩充后,展现出了良好的协同效应,在新发基金和存量基金的管理方面发挥了较大作用。

总体业绩方面,中欧时代先锋4季度上涨27.07%,跑赢比较基准。我们从过去2年的规模挑战、5年的管理积累历程走来,犯过很多错误、收获诸多教训,也有一些经验收获。我们的收获:一是要坚持从"持有人挣钱"的角度思考问题。公募基金的投资管理,与基金投资行为之间,相隔着基金投资研究配置、基金发行、渠道销售等诸多流程,还存在着各环节考核短期化、追涨杀跌等情况,基金业绩转化为投资者获得是很不容易的,需要我辈同仁多加努力。二是尽管估值变化解释了绝大部分的市场涨跌幅,但我们全部的工作依然要聚焦基本面,做好投资,把研究好生意、好团队这件事做通做透是唯一的出路。

图5-5 中欧时代先锋股票型发起式证券投资基金2020年第4季度报告截图

周应波的操作可以分为宏观方面和微观方面。在宏观方面,其会关注宏观经济从复苏到繁荣过程中,哪些行业值得持有或者加强配置。在微观方面,长期看好优质的公司,其对于短期波动并不在意。

除了宏观微观的分析,周应波也着重强调了研究范围,比如研究能看懂的，看不懂的机会即使挣钱再多也会放弃。再比如，对投资人负责的理念等。

总结来看，周应波的投资理念有以下 3 个特点。

- 宏观密切关注经济趋势，微观长期持有优质公司，不惧怕短期波动。
- 对自己的能力圈有深刻认知，知道自己的能力边界在哪里。
- 对投资者负责，从投资管理到基金投资行为，路径很长诱惑很多。

如果用周应波自己的话总结一下就是：看好宏观，关注景气，聚焦好生意、好团队。

案例三：广发刘格菘

有偏向均衡布局的基金经理，也有重点看好个别领域的基金经理。

比如，2019 年的冠军基金经理刘格菘，管理基金资产规模超过 843 亿元。他的投资理念就代表了这一类基金经理的思路。

在刘格菘管理的广发中小盘基金中，其重点配置了新能源、云计算、半导体和医药等成长行业。对于某些行业，基金经理不仅仅是短时间看好，而是长期看好其未来发展。

以其在广发中小盘基金 2020 年第 4 季度报告里的部分内容为例，截图如图 5-6 所示。

有时候，最好的防守就是进攻。

重仓看好某一个领域，对基金经理来说是一个较大的考验，一方面是对选股能力的考验，另一方面是对基金经理心理素质的考验。毕竟一旦市场出现波动，基金经理的能力经常会被质疑。

4季度，沪深300上涨13.60%，中小板指上涨10.07%，创业板指上涨15.21%。其中，新能源、有色、食品饮料、军工等行业涨幅居前。市场仍然维持强者恒强的格局，产业长期发展趋势明确，可选消费品涨幅较多。

2020年4季度，市场风格出现明显变化，市场对全球经济复苏给予了高度重视。同时，光伏、新能源汽车、军工等基本面超预期的行业也得到资本市场的一致认可。

本基金重点配置了新能源、云计算、半导体、医药等成长行业。我们坚定看好光伏行业未来发展，龙头公司有望持续获得超额收益。同时，随着海外疫情缓解，全球陆续复工复产，顺周期行业值得重点关注。

图5-6　广发中小盘基金2020年第4季度报告截图

从以上3位基金经理的投资理念可以看出，他们投资的方式方法各不相同。

虽然基金经理的理念略有不同，但是几位基金经理的投资观点却值得我们关注，甚至学习借鉴。

- 基金的收益只是结果，起到关键作用的其实是基金经理认可并实践的投资策略和理念。我们在选择收益较高的基金前，需要全方位了解运作这只基金的基金经理的投资理念。把钱交给符合我们投资理念的专业人士进行打理，岂不是更安心？
- 长期持有优秀公司，不惧怕短期波动。市场短期经常出现各种波动，优质的公司一旦备受冷落，一些投资者就开始紧张不安准备"割肉"离场；当这些优质的公司备受追捧时，基金经理立刻又成为关注焦点，开始获得一众吹捧。比如最近1年最出名的基金投资经理张坤，他在2021年之前一直是各大媒体和公众号以及投资者非常认可的基金经理，张坤管理的基金重仓白酒在2021年之前收益颇丰，但是在2021年年初由于市场发生变化，白酒类基金收益大幅回撤，他也受到诸多质疑。但是，长期来看，市场能够基本反映一个企业的价值。因此优质公司不但在牛市有持续上涨的潜力，在熊市或者市场低迷的时候也会通过市场占有率来对冲负面影响。
- 基金经理虽然有深厚的专业知识，但是每个人的精力是有限的，因此需要在自己的能力圈内进行研究和投资。比如一些知名的基金经理多次强调很难判断未来的市场走势；再比如中欧的周应波强调做减法，看不懂的机会果断放弃等。当然，这些明星基金经理多半是在谦虚，毕竟收益在那里摆着。但是认识到自己的能力圈，并且挣自己能力圈内的钱才是最稳妥的。而且能够做到这样，就已经打败大多数人了。
- 基金能否获得收益不仅仅是靠基金经理的选股和择时。从基金公司的角度来讲，资产管理到基金投资中间涉及很多环节，如投资研究、基金发行、渠道销售以及基金公司在各个环节中的考核等。因此，基金的业绩转化成投资者最终获利的过程并非想象中那么简单。我们在选择基金进行投资的时候需要慎之又慎。

看完以上内容，大家可以查阅一下自己投资的基金的基金经理在投资理念上有什么特别之处。

"条条大路通罗马"，选择符合我们投资理念的基金经理才是关键。

第六章

如何构建基金组合

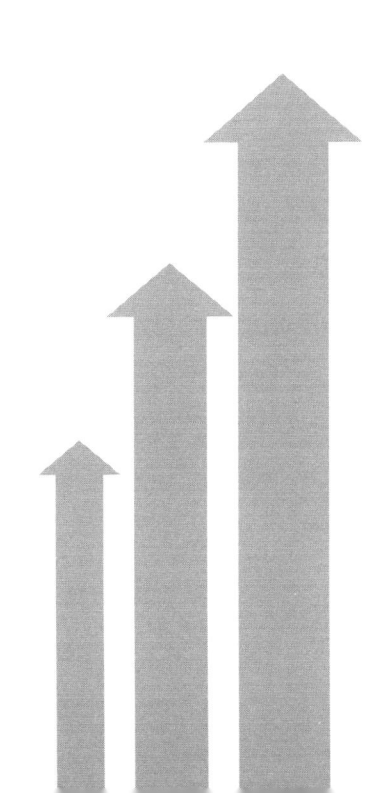

当下的市场有什么特点

关注最近国内资本市场的朋友就会发现，国内知名企业的股价"屡创新高"已经快成常态。中小盘股票一蹶不振，龙头企业的股票价格基本看不到"上限"。

一手茅台的价格就要24万元。更让人难以理解的是还有人不停地买买买。但是，不管市场有多疯狂，我们都要搞清楚为什么疯狂，是跟着一起疯狂，还是冷静下来看别人疯狂？先从大的背景来看，新冠肺炎疫情加速了全球经济衰退。许多国家的GDP出现负增长，许多国家政府也开始出手救市，最简单的方法就是拼命撒钱、降低银行利率。美国和欧洲很多国家，开始直接给公民发放现金，而且这种趋势难以在短期内得到扭转。而这种超低利率环境对资产价格产生了比较大的影响。

美国当前的利率仅为0.25%，欧盟地区的利率从2016年年初开始就是0，甚至经常传出负利率的新闻报道，而日本的央行利率在2016年年初就已经是-0.1%。如果我们再拉长时间线观察会发现，过去几十年经济的发展或者说经济增长，主要手段之一就是让利率下行。通过降低利率来抑制储蓄，从而促进消费和投资增长。

但是随着新冠肺炎疫情的发展，全球经济再次进入增长乏力的阶段，除了中国等少数国家经济在 2020 年实现正增长，大部分欧美国家的经济出现负增长。在这种情况下，利率维持低增长甚至是零增长几乎成为不可逆的趋势。

疫情不但让低利率难以转变，也让天量资金开始进入市场。比如疫情最严重的 2020 年上半年，美联储资产负债表规模从 4.29 万亿美元增长到 7.09 万亿美元，不到 3 个月的时间印了近 3 万亿美元。2021 年 3 月，美国又将投放 1.9 万亿美元进入市场。天量货币涌入市场意味着市场里的资金非常充沛，利率将进一步下探。

也就是说，在未来相当长的一段时间里，超低利率和海量货币将成为"新常态"，而这将进一步加强"价格贵、波动大和分化强"资产逻辑。

- 价格贵。这个不多说，市场上的钱变得越来越多，会进一步推动资产价格上涨，尤其是优质的龙头企业的股价。大家看一看特斯拉、茅台、腾讯等龙头企业的股价，整体资产估值的中枢正在不断上升，未来优质企业的高价股会变得更加常见。
- 波动大。如果还对 2020 年上半年疫情下的股市有印象，大家会发现美国连续多天出现熔断，资产价格忽高忽低频繁波动。辛辛苦苦挣得的一些浮盈收益，一路震荡全部又吐了出来。2021 年年初也出现了类似的情况，之前涨幅较高的股票开始出现大幅度的波动，以至于有人开玩笑说，本来想通过买基金获得自己的额外收入，后来变成了最大的支出。玩笑归玩笑，不可否认的是，超低利率会进一步加大资产价格的波动，任何细微的利率调整都有可能导致资本市场的震荡。
- 分化强。如果说超低的利率让资产价格纷纷上涨、波动更加频繁是普遍现象，那么市场不同标的出现涨跌不一的情况，也说明了市场分化在加速。这一点在 2020 年的中国资本市场非常明显，在龙头企业股票价格快速上涨的同时，中小企业股票价格还是"跌跌不休"，无人问津。二八效应非常明显。

也许有人会担忧，如果照此发展下去，市场的泡沫会越来越大，岂不是很危险？

首先要说明的一点是，泡沫并非一个贬义词，而是一个中性词。在低增长和天量资金出现的当下，即使一个泡沫破裂，也会有新的泡沫出现。而且从经济发展的角度来看，适度的泡沫也有正面意义。因此，既然当前泡沫不可避免，甚至长期存在，那不如尝试与泡沫共存。甚至，随着技术的不断进步，现阶段的泡沫也有可能从梦想变为现实。

至于那些看着似乎有些"吓人"的高价格资产，在一个投资机会匮乏但资金又比较充裕的环境中，稳定高增长的资产反而成为比较安全的资产。我们唯一需要做的，也是想在这一章后半部分给大家介绍的，就是做好资产配置。让那些具有安全属性的资产为我们构建更深的"护城河"，同时为我们赢得更多的收益。

怎么理解"不要把鸡蛋放在一个篮子里"

大家对资产配置这个词并不陌生，甚至很多人还会引用巴菲特的名言："不要把鸡蛋放在一个篮子里。"但事实上，这句话的重点是，投资者需要多准备几种"容器"，如篮子、盆、地窖。而不是我们普遍在践行的"把鸡蛋放在各式各样的篮子里"，这些篮子虽然长得不一样，但本质还是一种篮子。

事实上，我们经常说的资产配置里，有一个关键核心就是"分散投资",相信很多人都听说过这个理念。

但是分散投资并不是说我们要在同一类别资产中进行分散。比如,投资时全部买入股票,买入不同公司的股票,这样做并不是分散投资,也不可能分散风险,反倒是让自己完全暴露在市场下跌的风险中,没有办法规避系统性风险。

真正的资产配置,是结合每个人自身的投资目标和风险承受能力,综合判断股权、债券、商品等几大类资产投资的比例,进行大类资产的分散。比如,只做"债券+股权"的配置,就是一个最简单的资产配置策略。

这个策略有以下两个特点。

第一,资产配置可以降低单一资产的投资风险,实现风险可控。之所以要分散在各个大类资产之间,是由于各类资产本身的特性,使它们不会出现同涨同跌。

比如,股市大涨的时候,一般债券市场表现就会很一般;债券市场大涨的时候,商品类资产并不会随之大涨。也就是说,各类资产的涨跌走势之间相关性比较低,也正因如此,我们才能够在长期投资的过程中获得稳定的收益,同时降低投资风险。

2015年下半年,股市处于震荡下行区间,此时债券市场却欣欣向荣,获得了不错的涨幅。如果我们整体投资组合有股票和债券,那么我们既可以在股市上涨时,不错过赚钱的机会,也可以在股市下跌时保持风险相对可控——虽然股市在下跌,但是我们投资的债券市场却不断带来收益,因此整个组合的收益不会太难看。

第二,资产配置可以实现操作层面的可控。股票市场的波动性比较大,债券市场的波动性相对小一点。如果我们把全部资金用来买入股票,那么投资者的心情只能跟市场的波动保持同频,大涨的时候开开心心,下跌的时候看着自己的资产缩水,要么"装死"不动,要么忍痛止损。

如果你此前做过股债配置组合，那么这个时候你手中的债券资产与股票的相关性比较低，可能没有出现下跌，甚至还会有盈利。此时你可以把部分债券资产抽取出来，趁着股票市场的下跌适当补仓，实现低位加仓，整体拉低投资成本。

因此，资产配置的分散，并不是同一类资产类别下各式产品的分散，而应该是各种大类资产的分散。这样做并不是为了追求最高回报，而是在追求投资回报的过程中将风险变得可控。当然，这个过程并不是没有代价，这个代价就是需要我们忍受"少赚之痒"。是的，你没有看错，为了最重要的少亏钱，我们需要忍受一定程度的少赚钱。

可能你会觉得，为了降低风险就要少赚钱，是不是不太值得？如果能够涨回来，那么亏点钱也无所谓吧？

事实上，亏钱只会让我们陷入万劫不复的深渊。亏损10%，我们需要上涨11.11%才能回本；亏损20%，我们需要上涨25%才能回本；亏损50%，我们需要上涨100%才能回本！

想想看，基金上涨100%，需要花费多少时间？

典型的资产配置模型

前面从整体上介绍了资产配置的重要性以及资产配置的基本理念，下面结合当前比较流行的经典资产配置模型，来向大家详细介绍一下资产配置的特点。

家庭金字塔配置方法

家庭金字塔配置方法，说的是我们每个人应该根据投资需求的紧迫性和资产标的稳健性进行家庭资产配置。塔基，也就是底层的资产，应该是以风险比较低并且流动性好的资产为主；塔身的资产一概是以流动性一般、安全性较高的资产为主；塔尖应该配置高风险资产，博取组合整体收益。

从图6-1中，我们可以看到在家庭金字塔配置方法中，流动性资产、安全性资产、收益性资产的占比按从高到低的顺序排列。

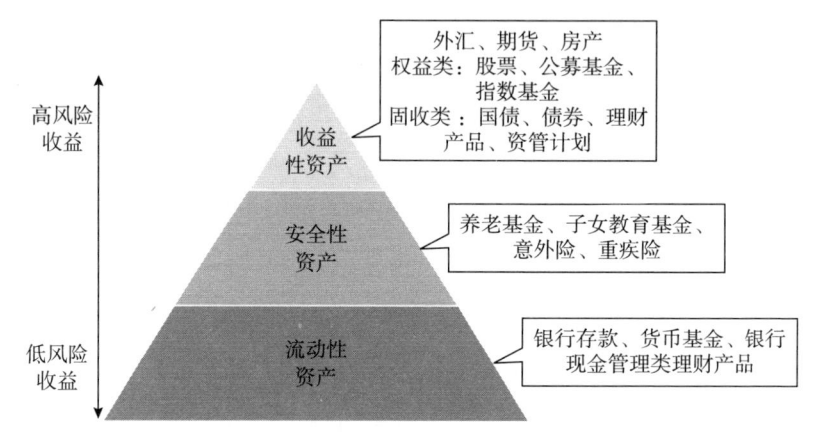

图6-1 家庭金字塔配置方法

塔基主要配置流动性资产，流动性资产是家庭理财的基石，为日常生活提供流动性支持，在某些情况下作为家庭应急支出，资产类型可以是货币基金、银行存款、债券基金等，在家庭总资产中的比例建议在40%左右。

塔身主要配置安全性资产，安全性资产的作用是承上启下，保障家庭资产安全以及不贬值。这部分资产主要起到保障作用，为将来做准备。因此资产投资类型可以有养老基金、子女教育基金以及重疾险、意外险等，在家庭总资产中的比例建议在30%左右。

塔尖主要配置收益性资产，配置收益性资产的目的就是博取高收益，但是该资产的风险也是最大的。投资的资产类型可以是偏股型基金、股票、房产、私募等，在家庭总资产中的比例建议为20%~30%。

需要说明的是，利用家庭金字塔配置方法进行资产配置时，不同资产的比例可以根据我们每个家庭的实际情况进行调整。总的原则是风险越高的资产配置比例越低，从而保证家庭总资产的稳健性。

等权重投资组合策略

瑞士著名的投资人 MarcFaber 认为，最理想的资产配置策略就是等权重投资组合策略。等权重投资组合策略就是保持每种资产的投资权重完全相等。比如投资组合中有 5 种资产，那么每种资产的占比均为 1/5，也就是说保持每种资产的投资权重为 $1/N$（假设有 N 种资产）。

这种策略其实就是一种"低买高卖"的投资策略。也就是说，在一段时间内，当 A 类资产上涨、B 类资产下跌的时候，我们可以卖出部分 A 类资产并买入部分 B 类资产，从而保证它们的占比相同。也就是我们经常说的"再平衡"。

MarcFaber 认为，等权重组合配置可以把我们的资产平均投资在黄金、股票、房地产、债券或现金上，如图 6-2 所示。

以上 4 类资产的配置相关性很低，较少出现普涨普跌。不过对于国内投资者来讲，以上资产的等权重组合配置的可实施性又很低，毕竟一套房子的价格动辄几百万元，这样一来，很难实现几类资产的等权重组合配置。

为此，我们以基金投资为目标，考虑基金之间的相关性，把以上等权重组合配置中的资产换成基金（见图 6-3）。

对应的 4 种基金分别是沪深 300 指数基金、中证 500 指数基金、标普 500 指数基金、纳斯达克指数基金。它们分别代表国内市场的大盘股、中小盘股以及美国市场的大盘股和中小盘股。相关性较低，同时，以上基金的投资门槛也没有房地产那样高，更适合普通投资者。

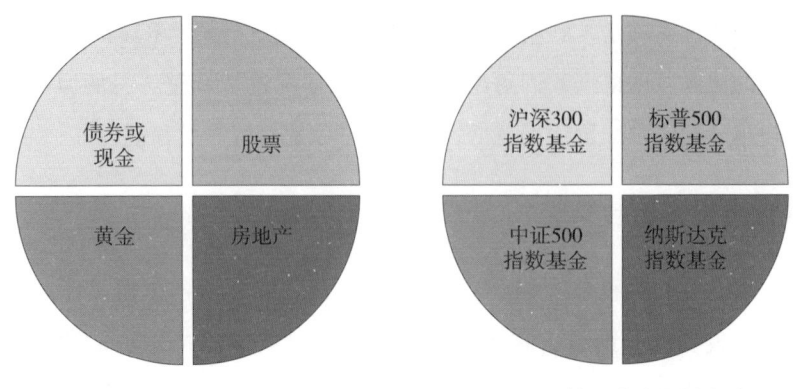

图6-2 资产平均组合　　图6-3 基金资产平均组合

4种基金按照等权重的形式投入，1年之后以上4种基金将有涨有跌，比例将不再是1∶1∶1∶1。这个时候，我们把涨得多的基金卖出一部分，跌得多的基金买入一部分，最终让4种基金的占比再次回归1∶1∶1∶1，从而保证等权重组合配置。

当然，以上4种基金只是举例说明，大家也可以按照自己的投资组合进行匹配，资产数量不用拘泥于4种，也可以是5种、6种甚至更多。

美林投资时钟理论

美林投资时钟理论是2004年由美林证券提出来的，指的是通过对美国1973—2004年这30多年的投资市场数据进行深入详细的分析，将资产轮动与行业策略和经济周期挂钩，总结出来的在不同的经济周期里，该如何进行资产配置的经典理论。

美林投资时钟理论将经济周期主要划分为衰退、复苏、过热和滞胀4个时期，资产类别分别为债券、股票、大宗商品和现金4类，为投资者展示了在一轮完整的经济周期中，经济从衰退逐步向复苏、过热方向循环时，债券、股票、大宗商品的收益依次领跑大类资产（见

图6-4）。

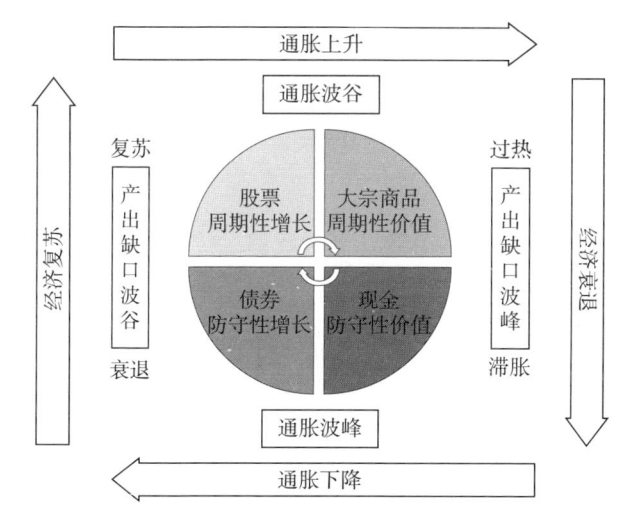

图6-4 美林投资时钟理论的经济周期

我们详细来看一看这4个时期都会发生什么变化。

- 衰退期：经济下行，产出缺口减少、通胀下行。货币政策趋松，债券的收益表现最为突出。整体表现为：债券＞现金＞股票＞大宗商品。
- 复苏期：经济上行，产出缺口增加，通胀下行。经济转好，企业盈利改善，股票获得超额收益。整体表现为：股票＞债券＞现金＞大宗商品。
- 过热期：经济上行，产出缺口增加，通胀上行。通胀上行增加了资金的持有成本，加息的可能性降低了债券的吸引力，大宗商品受益于通胀的上行，明显"走牛"。整体表现为：大宗商品＞股票＞现金/债券。
- 滞胀期：经济下行，产出缺口减少，通胀上行。经济下行对企业盈利形成拖累，对股票构成负面影响，债券吸引力提升。整体表现为：现金＞债券＞大宗商品/股票。

美林投资时钟理论之所以如此著名，是因为其在美国基本符合经典理论。但是在中国进行应用的时候，却出现了"水土不服"，准确度大幅下降。

根据业内专家任泽平的统计分析数据，传统的美林投资时钟理论在我国对于大类资产配置的指导正确率为40%，较美国数据明显偏低。这是因为，传统美林投资时钟理论的基本假设和逻辑与美联储的货币政策框架相近，因此对大类资产配置的指导意义更强。而我国央行的货币政策框架需考虑多种因素，造成在部分时期，宏观条件与大类资产表现之间的关联性相对较低[①]。

基于我国的国情，任泽平等业内专家对传统美林投资时钟理论进行了完善。由于我国从经济增长和通货膨胀到大类资产表现的逻辑链条非线性，影响因素较多，我们可以通过选择其他观测变量，缩短逻辑链条，提高预测大类资产的准确性。增加观测货币与信用对于大类资产配置有着较好的指导意义（见图6-5）。

我们来看一看改良后的美林投资时钟理论的经济周期具体表现如何。

- 衰退期：金融和消费板块在衰退阶段抗跌能力最强。衰退时期处于宽货币、银根放松阶段，对利率敏感的金融、消费类股票处于领先地位。
- 复苏期：周期和金融板块是复苏阶段的最佳选择。宽货币、宽

---

① 任泽平，方思远，梁珣. 改良的中国投资时钟：周期轮动和大类资产表现. [2021-2-18]. https://cj.sina.com.cn/articles/view/1704103183/65928d0f020024paf.

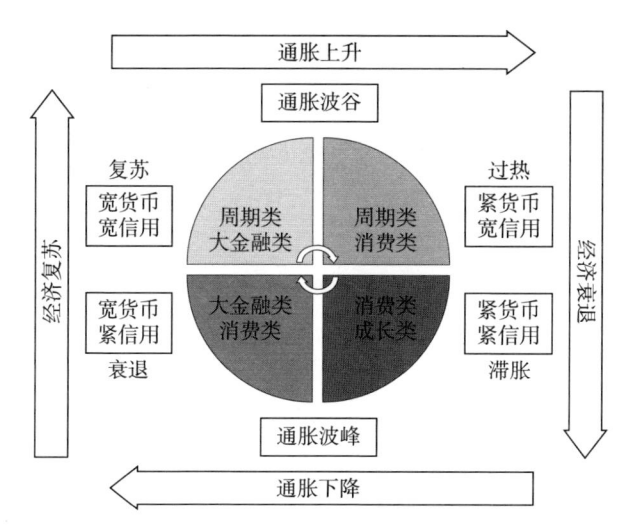

图6-5 改良后的美林投资时钟理论的经济周期

信用条件下，各大板块同时受益于盈利改善和估值的上升，股市呈现大规模上涨。因此，对于景气度上行弹性最大的周期板块、对流动性宽松弹性最大的金融板块收益率最佳。

- 过热期：周期和消费板块在过热期表现最佳。过热期货币政策收紧，但实体经济仍然处于景气环境，此时流动性转向，利率抬升导致金融资产估值下行，股市呈现结构性行情。此时周期板块盈利处于高位，消费板块现金流稳定，收益率较高。

- 滞胀期：消费和成长板块在滞胀阶段相对抗跌。在收紧货币和信用阶段，企业盈利能力下降，利率上升，估值收缩，股票市场整体表现较差。而消费板块由于现金流稳定，表现抗跌。

如果仔细观察图6-5，就会发现其中消费板块在改良后的美林投资时钟理论的一轮经济期里，出现了3次，可以称得上是具有穿越牛熊市的领域。在前面的内容里，我也介绍了消费垂直领域的指数基金和主题基金，感兴趣的读者可以再阅读一下。

资产配置才是基金投资的关键

前面介绍了资产配置的理念，相信大家对资产配置有了一个初步的理解。很多人对于投资理财的想法比较"朴素"——想赚很多钱，越多越好；风险要低，越低越好。

虽然朴素，但也是个不可能完成的任务。甚至，我们投资理财失败的很大部分原因，究其本质就在于投资没有客观准确的目标。

投资理财能否实现资产的保值增值，跟我们对风险的承受能力、收益预期以及投资时间密切相关，这些要素最终又通过投资组合或者资产配置来体现。

因此，当再次审视投资理财时，我们需要有更加明确的目标。

你的收益目标是多少，年化收益率达到多少是比较满意的？

你的风险控制目标是多少，也就是说你最多能够承受多大的亏损，多久的亏损？

你的投资期限目标是多少，能坚持投资 1 年、3 年还是 5 年？

确定这些目标之后，再结合对市场环境、大类资产的分析判断，就可以大致定出来我们的资产配置比例了。

假如你是一个稳健的投资者，能够承受中等风险，追求资产的稳健增值，投资期限在 5 年，那么 50% 的股票基金 + 40% 的债券基金 + 10% 的货币基金就可以看作一种资产配置的比例。

也许有人会疑惑，一定要做资产配置吗？买入看好的基金或者股票，岂不是赚得更多？

事实上，资产的价格一直在变化，风险无处不在。也正是因为如此，才要把不同资产组合起来，从而达到各个不同的理财产品并不是同涨同跌，而是其中一些资产在跌的同时另一些资产在涨，"东方不亮西方亮"的目的。

从整体来看，资产配置可以降低整体的波动性，以期在一定风险下获得更好的回报，或者说在回报差异不大的时候有效降低风险，让我们的投资更加稳健。其中包含了两个维度，一个是时间维度，另一个是市场维度。

从时间维度来看，普通投资者尽量不要一次性买入，要更多地以定投的方式来实现投资的时间分散，降低投资风险和波动。

从市场维度来看，我们要分散投资于不同种类、不同行业，尤其是相关性非常低的资产里。

时间维度前面已经讲过很多，这里就不再赘述。下面来详细解读一下比较典型的资产配置组合。

股债组合

股票市场和债券市场的规模巨大，两者的相关性比较低、风险和回报也各不相同，收益水平呈现负相关的关系。同时，投资股票市场和债券市场，可以有效地分散风险。

具体来看，在经济发展比较好的时候，企业盈利状况比较好，股市上涨，此时债券市场可能会下跌。经济发展放缓的时候，会有更多的资金投资于债券市场，此时相对于股票，债券的表现就会更加良好。

股债组合里，股票部分主要是用来博取高收益，债券部分主要是降低组合的波动性。所以可以用"指数基金 + 债券基金"的组合来进行资产配置。比如经典的股债6/4组合，即指数基金占比60%，债券基金占比40%。

当然6∶4这一比例不是一成不变的，我们也可以把组合的比例调整为6∶3∶1，也就是说指数基金占比60%，主要是用长期不用的钱来投资；债券基金占比30%，主要是把未来1~2年不需要用的钱用来投资；货币基金占比10%，主要是把零花钱放在货币基金里。

指数基金组合

我们经常提到的沪深 300 指数基金、上证 50 指数基金、创业板指数基金等都是比较经典的宽基指数基金。所谓宽基指数基金说的就是这个指数基金可以代表整个市场的变化情况。

最经典的宽基指数基金组合是沪深 300 指数基金 + 中证 500 指数基金。

沪深 300 指数基金代表的是大盘股，价值驱动；中证 500 指数基金代表的是小盘股，成长性高。两者的成分股并不相同，行业权重也不一样，相关性低。因此，沪深 300 指数基金 + 中证 500 指数基金这种"价值 + 成长"的组合可以较好地避免市场板块的轮动，是一个比较经典的投资组合。

另外，上证 50 指数基金 + 创业板指数基金也是一个比较好的投资组合，两者的相关性甚至比沪深 300 指数基金 + 中证 500 指数基金的相关性还要低。

宽基指数基金 + 行业指数基金

宽基指数基金可以获得市场的平均收益，如果坚持投资就已经超过很多投资者了。不过，国内市场和欧美国家股票市场相比，还有很大的提升空间，因此还是有很多基金经理能够战胜市场，这个时候投资行业指数基金就可以获得更高的收益。当然，行业指数基金的波动性要明显高于宽基指数基金，在博取高收益的同时，也要承担较大的风险。

宽基指数基金 + 行业指数基金的例子，比如沪深 300 指数基金 + 中证 500 指数基金 + 消费行业指数基金 + 医药行业指数基金或者上证 50 指数基金 + 创业板指数基金 + 消费行业指数基金 + 计算机行业指数基金等。

为了降低风险，可以以宽基指数基金为主，行业指数基金为辅，占比为6∶4，即沪深300指数基金（30%）+中证500指数基金（30%）+消费行业指数基金（20%）+医药行业指数基金（20%）。

当然，行业指数基金不仅是选择医药或者消费行业指数基金，也可以选择那些前景好、成长性高的行业指数基金，比如计算机、新能源等行业指数基金。

除了以上组合，还有其他的组合，比如以行业主题基金配置的组合：医药主题基金+消费主题基金，也可以是主题基金+债券基金。

大家可以根据自己的需求进行配置。把货币基金、债券基金、宽基指数基金、行业指数基金、行业主题基金、混合基金等进行排列组合，搭配出适合自己的组合。

同时，需要指出的是，历史收益高的基金，风险普遍也比较大。因此，我们在配置组合的时候，一定要量力而行，切不可只为了高收益而配置超出自己风险承受能力的基金。并且要时刻牢记，资产配置的首要目标不是高收益，而是降低自己投资组合的风险。

因此，我们在选择理财产品的时候，标的之间要有差异化，也就是要看它们之间的相关性，相关性越低才能越好地降低投资组合的波动性。同时，我们需要让组合中的每一个标的都能够有自己的作用，从而更好地发挥价值。

就如同一支篮球队，只注重防守或者只注重进攻是不可取的，哪怕场上5名队员都是姚明也不见得是最佳阵容，只有攻守平衡才是最优解。

我们来看一个例子，根据万得资讯偏股混合基金指数、偏债混合基金指数、黄金AU9999指数的表现，我们回测了2010年1月1日到2020年12月30日的数据（见图6-6），来看一看资产配置的价值在哪里。

图6-6 不同基金配置组合收益及波动情况

资料来源：玩转理财通。

总共有3种投资组合：第一种是100%投资偏股型基金；第二种是70%投资偏股型基金，30%投资债券基金；第三种是65%投资偏股型基金，30%投资债券基金，剩下的5%用来投资黄金。其年化收益率、年化波动率、最大回撤率如表6-1所示。

表6-1 3种投资组合的收益及波动情况　　　　　　　　　　单位：%

	年化收益率	年化波动率	最大回撤率
组合1	9.81	30.23	43.35
组合2	8.83	22.72	35.00
组合3	8.59	21.26	33.73

我们先来看第一种100%的偏股型基金，它的年化收益率很高，达到9.81%，跟第二种和第三种组合相比，相差均在1%以上。但是偏股型基金的年化波动率和最大回撤率也非常大，其中最大回撤率达到了

43.35%，如此大的波动需要你有很强的心理承受能力才行。收益虽高，但也是需要你付出一定的代价的。

第二种组合，是最经典也最简单的基金配置——股债组合。债券基金虽然拉低了整体组合的年化收益率，但是在年化波动率和最大回撤率方面都降低了不少，投资组合更加稳定。

第三种组合，拿出5%的投资用来买入黄金，黄金的避险特性可以让整个组合更加稳健，收益上只比第一种组合下降了1.22%，但在年化波动率上下降了近9%，在最大回撤率上下降了9.62%。同时年化收益率和第二种组合在趋势上看，相差无几。

年化收益率固然重要，但是基金投资需要我们综合衡量多个指标。

总的来看，我们不能因为市场上涨了，就抱怨所配置的某种资产拉低了组合收益，也不能只在市场下跌时，才意识到资产配置的稳定性。

事实上，资产配置不能帮助我们赢得高收益，但是它可以有效改善投资组合持有体验，更关键的是能让我们意识到长期持有的重要性。

投资理财本就是让更多的普通人在"长跑"的过程中实现财富的保值增值，能够持续稳定地在市场里不下"牌桌"，"留得青山在不怕没柴烧"，总会有轮到自己的机会，实现自己想要的高品质生活。

知名投资者和专业机构是如何配置资产的

资产配置不仅仅是前面介绍的几个经典模型，模型毕竟是简化版本，很多现实情况没有考虑进去。有没有更加贴近现实投资的资产配置方法可以学习参考呢？这一节，我就介绍一些知名投资者和大型专业机构在投资方面非常专业的配置，选取几个比较典型的资产配置案例，和大家一起分析一下。

瑞·达利欧

瑞·达利欧（Ray Dalio）是全球最大对冲基金桥水基金（Bridgewater）的创始人。截至2018年，桥水基金创造了超过20%的年平均投资回报率，管理基金规模超过1 500亿美元，累计盈利450亿美元。瑞·达利欧曾经对外界公布过一个能够适应各种经济周期的投资组合。这个组合以股票、债券和大宗商品为主，对波动比较大的资产的配置比例较少，波动较小的资产配置比例较高（见表6-2）。

表6-2 瑞·达利欧投资组合

序号	资产类别	细分	占比/%
1	股票	纳斯达克指数	10
		标普500	20
2	债券	（15~18年）长期国债指数	40
		（7~10年）国债指数	15
3	大宗商品	黄金	10
		油气	5

从表6-2中，我们可以看到瑞·达利欧推荐的这个组合主要有以下两个特点。

- 股票和债券选择的都是指数基金，比如纳斯达克指数和标普500等。可见投资大师在给普通投资者的组合推荐里，指数基金依然是首选。
- 为了减少组合的波动性，资产配置中债券占比超过一半。一方面，债券起到稳定器的作用，能够减少波动。另一方面，债券基金的收益整体要高于货币基金，能够保证投资组合较大概率跑赢通货膨胀。

整个投资组合在2006—2018年，年化收益率达到7.11%，属于比较稳妥的一类投资组合。

需要说明的是，瑞·达利欧给出的这个资产配置组合，是针对美国市场和美国相关的指数。如果你想按照瑞·达利欧的思路配置资产，纳斯达克指数可以对应国内的中证500指数，标普500可以对应沪深300指数。相应地，黄金和油气，我们也可以找到对应的指数基金。

诺贝尔基金会

大家应该对诺贝尔奖并不陌生，每年诺贝尔奖都是全世界关注的焦点。也许有人会疑惑，阿尔弗雷德·诺贝尔当年留下来的资产难道多得花不完吗？为何每年都能够拿出价格不菲的奖金来奖励各个行业杰出的科学家呢？

事实上，阿尔弗雷德·诺贝尔在签署遗嘱的时候就声明，自己的大部分财产都用来设立基金会，进行安全可靠的投资，每年用基金会运营产生的利息作为奖金。1900年，该基金会成立之初，诺贝尔设立基金会用于投资的资产约为3 100万瑞典克朗。截至2018年年底，诺贝尔基金会的总资产达到了40多亿瑞典克朗。

那么，诺贝尔基金会进行资产投资时的配置组合是什么样子的呢？我们来详细看一看（见表6-3）。

表6-3 诺贝尔基金会资产投资的配置组合

序号	资产类别	基准仓位	调整范围
1	股票	55%	可在-15%~10%调整
2	债券	10%	可在-10%~45%调整
3	房地产	10%	可在-10%~10%调整
4	另类资产	25%	可在-10%~10%调整

可以看出，诺贝尔基金会资产投资的配置组合和瑞·达利欧的略有不同。

- 股票占比过半。即使按照调整范围来看，诺贝尔基金会资产投资中的股票占比最低也是 40%。股票的占比高，也为诺贝尔基金会获得较高收益奠定了基础。
- 为了降低股票带来的波动，还配置了债券、房地产和另类资产来保证整个投资组合的稳定性，从而做到了有效的分散投资。
- 每一类资产的占比不是一成不变的，而是根据基金会的投资目标和市场情况，进行一定范围的调整。大家可以看到在最后一列有不同资产的调整范围。

全国社会保障基金

全国社会保障基金（简称"社保基金"）成立于 2000 年，专门用于人口老龄化高峰时期的养老保险等社会保障支出的补充、调剂，由全国社会保障基金理事会负责管理运营。社保基金关系着我们今后退休养老的钱。

从 2001 年开始正式投资股市，社保基金已经连续运行近 20 年，截至 2019 年年底，各省委托全国社会保障基金理事会投资运营的基本养老保险基金资产总额为 10 767.80 亿元，当年投资收益额为 663.86 亿元，投资收益率为 9.03%，保值增值效应突显。

那么社保基金主要投资哪些领域呢？

《全国社会保障基金投资管理暂行办法》规定：全国社保基金的投资范围，限于银行存款、买卖国债和其他具有良好流动性的金融工具，包括上市流通的证券投资基金、股票、信用等级在投资级以上的企业债、金融债等有价证券。

其实以上投资范围和我们普通投资者的投资范围也是比较相似的，我们具体来看一看各个投资品种的比例是多少（见表6-4）。

表6-4 全国社会保障基金的资产配置

序号	资产类别	基准仓位	调整范围
1	银行存款和国债	>50%	银行存款>10%
2	企业债和金融债	<10%	
3	股票和基金	<40%	

- 由于社保基金负责管理社会民众的养老金，所以保值增值是关键。因此，我们看到社保基金投资的银行存款和国债占比大于50%，如果再把企业债和金融债也考虑进去，那么整体中低风险的资产比例约为60%。
- 股票和基金的占比小于40%，如果从整体来看，社保基金正好构建了一个股债6/4组合。细心的读者可能已经发现了，这个股债6/4组合，和我们在前面介绍的最简单的投资组合是一样的。也就是说，社保基金这样大体量的资金也在践行这种最简单、经典的投资组合。毕竟，大道至简。

社保基金因为有保持资产稳健的要求，所以单从年化收益率上来看，基本在8%~9%，虽然比不上很多主动型基金，但是对于稳健的投资者来讲，还是具有非常好的投资指导意义。

我的极简组合

除了以上这些知名投资者和投资机构的资产配置方法，我们也可以按照自己的实际情况来配置投资组合。我结合前面介绍的基金情况，列举出来两个组合供大家研究参考。

平衡型投资组合

相对于之前介绍的各种投资组合，平衡型投资组合以指数基金为主，涵盖5个主要的投资方向。分别包括国内大盘股、国内小盘股、国外大盘股、国外小盘股以及固定收益。平衡型投资组合里的5只基金占比均为20%。我们来详细看一看这个组合（见表6-5）。

表6-5　平衡型投资组合

序号	资产类别	基准仓位	总计
1	上证50指数	20%	
2	创业板指数	20%	
3	标普500指数	20%	80%
4	纳斯达克100指数	20%	
5	债券	20%	20%

从表6-5中可以看到，平衡型投资组合投资有以下4个特点。

- 投资以指数基金为主。指数基金前面已经介绍过很多次，长期来看指数基金的表现要优于多数主动型基金。同时，指数基金的管理费用也要比主动型基金低不少，因此对于个人投资者来讲指数基金更划算。
- 分散投资。前面介绍过，资产配置的主要核心之一就是要降低资产之间的相关性。上证50指数筛选的是上海证券交易所前50的上市公司股票，属于龙头中的龙头。创业板指数代表的是小型创新性公司股票。因此上证50指数和创业板指数之间的相关性很小。也许有人会问，为何不用沪深300指数和中证

500 指数？我之所以没有采用这两个指数是因为，从相关性上来讲，上证 50 指数和创业板指数的相关性更低，更符合资产配置的理念。

- 聚焦国内国外。既然是相关性，我们当然希望它越小越好。美国资本市场有很多国际知名的企业，非常优质，同时和中国股市的相关性越来越低，投资美国资本市场其实就是把资金投入基本不同的市场环境中，达到"东边不亮西边亮"的效果，真正起到分散投资。
- 增加债券投资。指数基金虽然风险相对较低，但指数基金要时刻保持较高的股票仓位，而且我们对指数基金的配置总计达到 80%。因此，为了保证投资组合的整体波动性，我们在资产配置的时候增加债券基金，有助于降低投资组合的整体风险。

这样的投资组合，我们只要按月或者按周定期投入就好，不用每天费时费力地盯着基金的涨跌变化。不过，不每天去盯盘，也不代表持有一个配置一直不变，做完资产配置以后，过一段时间，还需要定期对配置组合进行"再平衡"，毕竟你的资产比例会随着收益涨跌而出现变化，市场情况也在变化，我们需要做出调整。

再平衡并不是什么复杂的操作，我们先来看一个例子。

假设我拿出 1 万元来投资平衡型投资组合，那么每只基金投入的金额均为 2 000 元，一年后投资收益与本金总和涨到了 1.3 万元。也就是说，一年后，每只基金的价值将增长到 2 600 元。

但是，我们仔细观察当前持有的基金会发现，有的基金市值已经达到 3 000 元，有的基金市值只有 1 500 元。这个时候我们就需要把市值超过 2 000 元的基金卖出一部分，同时买入市值不足 2 000 元的基金，最终让这 5 只基金再次达到平衡，即 1 : 1 : 1 : 1 : 1 的状态。这一做法就是再平衡。

也许有人会疑惑,每年把基金再次调整为20%的比例,就能够实现投资组合的保值增值吗?

其实再平衡就是我们生活中经常使用的"多退少补"。一方面,我们在一年以后卖出了去年涨得好的基金;另一方面,我们加仓了去年表现不好的基金。简单讲就是在贵的时候卖出,在便宜的时候买入。

用巴菲特的话来讲就是"别人贪婪我恐惧,别人恐惧我贪婪"。

主动型投资组合

平衡型投资组合主要投资的是指数基金,可能有人觉得自己能够承担更大的风险,也愿意获取更高的收益,那么可以结合前面介绍的行业基金,来看一看主动型投资组合是否能够满足我们的需求(见表6-6)。

表6-6 主动型投资组合

序号	资产类别	基准仓位	总计
1	上证50指数	25%	指数类占比50%
2	创业板指数	25%	
3	消费类主题	10%	主题类占比30%
4	医药类主题	10%	
5	中概互联主题	10%	
6	债券	20%	固定收益类占比20%

主动投资组合资产配置更加灵活,我们详细看一下。

- 组合以指数基金为主,主题基金和债券基金为辅,形成5∶3∶2的结构,在确保投资组合稳定性的基础上博取高收益。
- 主动型投资组合架构纳入消费、医药和互联网等主题基金,为我们的投资获得更高收益。同时为了避免某一只主题基金出现较大波动影响投资组合整体收益，我们把单只主题基金的占比确定为10%。需要说明的是，主题基金目前选取的是消费、医药和互联网3个行业，这3个领域都具备穿越牛熊市的特性，比较适合长期持有。

- 债券基金20%的占比用来作为整个基金组合的稳定器，避免出现大的波动。指数基金占比达到50%可以获得市场的平均收益。剩下的30%来为我们冲高收益。风险高低搭配，更加均衡稳定。

对于3只主题基金，大家不用拘泥于消费、医药和互联网，可以根据自己的判断和理解，选择自己比较看好的垂直领域主题基金。需要注意的是，主题基金普遍风险较大，我们在选择的时候除了关注收益，还要综合基金经理的能力与稳定性、机构持仓与规模等因素。同时，主动型投资组合也要在每年做好再平衡，从而获得更多收益。

智能投顾

前面介绍了资产配置的一些技巧和案例，以及全球知名投资者和机构的实战经验，还有我供给大家参考的极简投资方案。大家可以自己动手试一试为自己制定一个基金资产配置策略。

当然，可能还是有人不知道如何下手。大家有痛点，就需要有人去解决这样的痛点。解决这个痛点的方法，就是让智能投顾来帮忙。

投资顾问的前世今生

智能投顾，其实就是找一家专业的机构或者找专业的人，来帮你量身定做一套投资方案和资产配置理念，你只需直接照着这个方案进行投资。

智能投顾可以对客户的基金组合直接进行调仓，通过资产配置的动态调整来降低组合的波动性，鼓励投资者长期持有，从而可以有效提高盈利水平，让过去那种"基金赚钱，投资人不赚钱"的问题得到一定的解决。

是不是很诱人？

其实，智能投顾的雏形早在2002年的时候就出现了。当时民生银行成立了"非凡理财工作室"，招商银行更是成立了一个大家经常听说的"金葵花"理财产品，它们都是针对高净值客户提供的资产投资顾问服务。2007年，中国银行成立了我国第一家私人银行——私人银行部，投资顾问的角色正式宣告成立。

之后经过互联网的普及和传播，越来越多的人通过余额宝、理财通等方式开始接触理财，理财不再是高净值人士的专属产品。也正是因此，在2019年下半年，证监会下发了《关于做好公开募集证券投资基金投资顾问业务试点工作的通知》，这意味着中国基金投顾业务正式启动。

首批业务试点落地在华夏、南方、嘉实、易方达、中欧这5家基金公司，也可以说这是证监会帮我们筛选出来的比较优秀靠谱的基金公司。

第二批则落在了独立第三方基金销售机构，腾讯和阿里巴巴均位列其中。

从表6-7可以看出，目前投顾业务已经逐步铺开，总计有18家投顾服务公司，如果你不想自己配置基金组合，那么可以有针对性地筛选投顾产品。

表6-7 智能投顾发展历程

年份	发展历程
2002	民生银行成立"非凡理财工作室";招商银行推出"金葵花"理财产品系列
2007	中国银行成立"私人银行部"——中国第一家私人银行
2013	余额宝诞生;中国第一家直销银行诞生
2015	腾讯推出理财通;2015年8月蚂蚁金服推出"蚂蚁聚宝"(后来改为"蚂蚁财富")
2019	首批公募基金投资顾问牌照试点资格发放(共5家公司获得);包括腾讯理财通在内的3家基金销售机构获得第二批投顾业务试点资格
2020	7家券商和3家银行获得第三批投顾资格

投资顾问和我们普通投资者在进行资产配置的时候,有什么区别呢?我们从基金入手,来看一看两种角色是如何看待基金的。

对于普通投资者来讲,大家一般将基金分为货币基金、股票基金和债券基金等。

有一定投资经验的投资者会进一步将其分为:债券基金、混合基金、股票基金、指数基金、境外基金、另类基金和FOF基金。

但真正的专业投顾机构会把基金进一步分为偏股型和偏债型。比如对于偏股型基金,专业投资顾问会分析这只基金是高波动性还是低波动性、是聚焦大盘股还是小盘股、是价值型还是成长型、是行业轮动型还是单一行业主体型。比如偏债型基金,专业投资顾问会分析这只基金是绝对收益稳健型还是高弹性型,是信用挖掘型还是均衡策略型。

绝大部分投资者对于基金的分析会停留在第一或者第二个层面,但真正的专业机构或者投资顾问会进一步深入分析,用理性客观的手段来实现对基金的全面把握。

投顾业务优势与典型产品

投资顾问业务优势比较多,总的来看主要有以下几个方面的优势。

- 站在投资者立场。投顾业务站在投资者的立场，来寻求风险收益比最大化、成本最大化，一切出发点都是根据客户的风险偏好和需求来配置最为合适的产品。
- 有匹配的专业能力。投顾业务需要有专业的投研团队、专业的投顾服务，需要根据市场变化情况适时对资产配置方案做出理性调整和完善。依托于可持续的投资方法，投顾业务不是掷骰子，需要专业人士利用大类资产配置模型、组合评估模型、基金筛选模型等多种方法和技巧来不断完善和修整投资策略，最终为用户带来丰厚的收益。

目前市场上的投顾业务很多，我列出比较典型的几个产品，供大家研究参考（见表6-8）。

表6-8 市场上的投顾业务

品牌	类型	定位	卖点	收费模式
一起投	投顾类	成为用户首选的投资顾问	主动管理+严选策略+费率优势+服务陪伴	基金调仓申购不收费，只收0.75%/年的投顾费用
帮你投	投顾类	打造一站式账户管家	被动ETF+自动匹配	调仓、申购均收费，外加0.5%/年的投顾费用
天天基金组合宝	基金组合类	为个人投资者提供一键跟投的组合	多产品组合+产品分析	申购+赎回+调仓
蛋卷基金	大V跟投类	跟着大V投资基金	突出大V主理人+用户互动	申购+赎回+调仓
且慢	大V跟投类	个人理财服务方案	管理每一笔钱+服务陪伴	申购+赎回+调仓

总的来看，目前的投顾业务品牌有以下特点。

- "一起投"是腾讯旗下的投顾业务品牌,它的特点是通过严选策略和主动管理来实现用户投资的高收益。另外,值得一提的是,"一起投"在基金调仓申购的时候是不会收取费用的,每年只收取0.75%的投顾费用,费用支出对于投资者来讲比较友好。如果能够承受一定的投资风险的话,"一起投"筛选出来的主动型基金组合还是比较不错的。
- "帮你投"是阿里巴巴旗下的投顾业务产品,"帮你投"和"一起投"比较大的区别在于,"帮你投"选取的基金主要是被动指数基金,它会有多个资产配置模型来跟用户匹配。在费用上,"帮你投"在调仓、申购的时候需要投资者缴纳费用。
- "蛋卷基金"和"且慢",有一定投资经验,尤其是对互联网基金理财熟悉的人,可能对这两个产品有印象。它们也是很多投资大V推荐的投顾业务产品。相对于"一起投"和"帮你投","蛋卷基金"和"且慢"更加突出投资大V的作用,主要由投资大V来设计资产配置策略,其他人根据这个策略进行跟投。

投顾产品解析

我们以腾讯的"一起投"为案例,来看一看投顾业务是如何筛选基金的。

"一起投"筛选基金主要分为以下3个步骤。

- 去劣:这一步是基金筛选的第一步,"一起投"会对市场中的7 000多只公募基金精心筛选,其中业绩排名靠后的、规模过小的、净值波动比较大的、机构资金占比过高的基金都会被筛选下去。

需要说明的是，之前我说过机构投资者是一个间接的分析基金指标，这和"一起投"把机构投资者占比过高的基金删除并不矛盾。基金里有机构投资者是好事情，但是机构投资者占比并非越高越好，一般超过70%的话就需要慎重。因为机构投资者占比过高的话，一旦发起赎回基金，那么有可能引起巨额赎回，引发基金波动。所以有机构投资者投资基金是好事，但是占比不能太高。

经过去劣之后，7 000多只基金只有一半的基金能够留存下来，也就是3 500多只基金，这些基金作为基金筛选的基础池。

- 择优：择优就如同我在前面介绍的基金筛选方法一样。"一起投"作为投资顾问会选择满足以下条件的基金：一是公司实力强，包括管理规模大、产品线完整；二是基金经理投资能力强，特别是基金经理管理产品的历史业绩稳定；三是基金产品好，尤其是历史业绩表现等诸多指标优异。只有满足这些指标的基金才能够入选。在择优这个环节最终能够胜出的基金有1 000多只，这些基金会进入策略池。

- 深挖：1 000多只基金数量依旧很多，所以这个时候就需要进行第三步操作，那就是深挖，也就是我们说的优中选优。在这一步里，"一起投"会重点为基金进行分类并做好风格标签，对潜在的优秀基金经理进行深度调研，之后会根据"一起投"为用户制定的策略来选择符合投资目标的基金。10余只的基金会最终胜出，成为组合配置产品（见图6-7）。

市场上的7 000多只基金，经过去劣后剩下3 500多只，经过择优剩下1 000多只，经过深挖之后仅剩下10余只。剩下的基金都是"精华"。

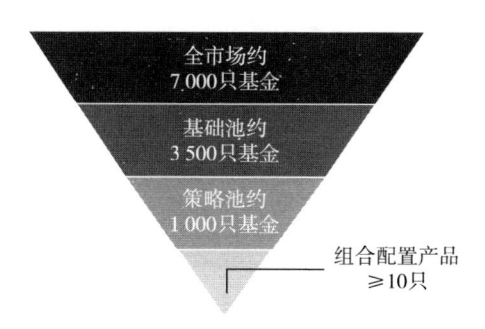

图6-7 "一起投"筛选策略

我们可以在微信"支付"中的"理财通"里找到"一起投"。我们以"一起投"的经典产品"中欧超级股票全明星"投顾组合为例，来看一看这个资产配置有什么独特之处。

对于投资者来说，无论是单只基金还是基金组合，我们最看重的一定是收益。从2017年9月5日成立到2021年3月12日，"中欧超级股票全明星"投顾组合的年化收益率是30.29%，最大回撤率是25.55%，收益和波动性都表现得非常优秀，长期来看业绩稳定跑赢了沪深300指数（见图6-8）。

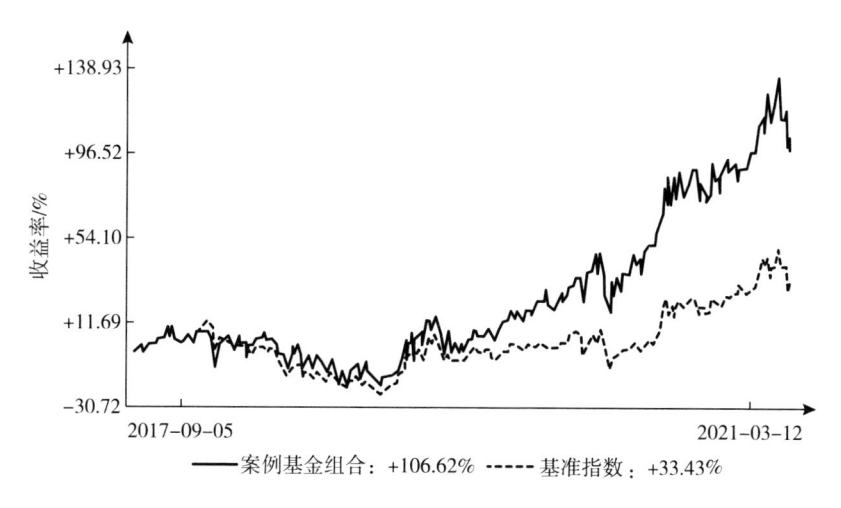

图6-8 案例基金组合成立以来的表现

需要说明的是，这么高的年化收益率不是一天两天就能够达到的，按照腾讯"一起投"的介绍，希望投资"中欧超级股票全明星"投顾组合的投资者能够坚持持有3年以上。同时，这其中也不是线性增长，正如我经常提到的，过程中会出现较大的回撤，因此对于坚持长期投资的投资者，还需要能够接受短期波动，甚至20%以上的回撤率，这样才能最终苦尽甘来，获得让人羡慕的收益。

那么，要在什么时候买入"中欧超级股票全明星"投顾组合比较好呢？

事实上，投顾产品进一步淡化了择时的重要性。因为整个投顾组合会实时监控并动态优化组合配比，争取提供适合当下行情的最优方案，策略本身已经提供了专业的择时服务，如果选择这样的投资模式，那么可以随时买入。

具体到持有哪些资产，我们可以在图6-9中看到。

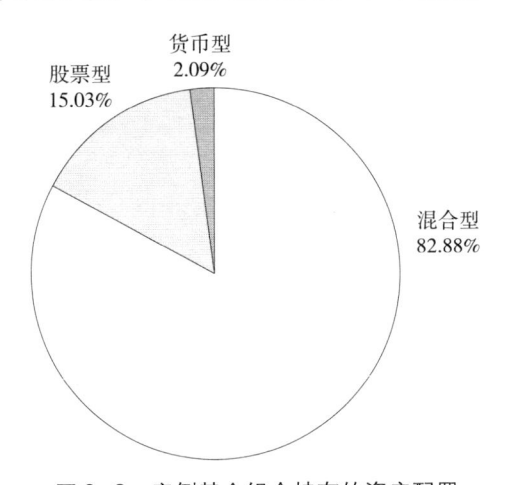

图6-9 案例基金组合持有的资产配置

截至2021年3月12日，基金持有的主要是3类基金，混合型占比为82.88%、股票型占比为15.03%、货币型占比为2.09%。

具体的基金名称和比例如表6-9所示。

表6-9 案例基金组合持有情况

序号	名称	类型	占比/%
1	中欧丰泓沪港深	混合型	12.30
2	广发睿毅领先混合	混合型	10.64
3	中欧新动力混合（LOF）	混合型	10.02
4	富国天合稳健优选	混合型	9.88
5	中欧时代智慧混合	混合型	9.81
6	华安沪港深外延混合	混合型	9.80
7	中欧行业成长混合	混合型	9.79
8	中欧明睿新起点混合	混合型	5.76
9	中欧医疗健康混合	混合型	4.88
10	嘉实价值精选股票	股票型	9.99
11	中欧消费主题股票	股票型	5.04
12	南方现金通	货币型	2.09

可以看到，"中欧超级股票全明星"投顾组合总计含有12只基金，甄选了全市场的明星基金经理长跑优秀作品，组合起来成为"一起投"的产品。这12只基金中有我们熟悉的中欧行业精选团队负责人周蔚文、明星医疗基金经理葛兰、消费领域行业新星郭睿、中欧成长策略组投资总监王培等人管理的基金，组成了比较豪华的投资阵容。

也许有人会想，对于这些明星基金经理所打理的基金，我们自己也能找到对应的产品，似乎并不需要投资顾问再来推荐，更何况投资顾问还要收取费用，自己配置组合岂不是更好？

是的，如果能够自己配置当然更好了。但是自己配置组合一般是长时间才调整一次持仓的占比，有时候没想起来就会忘记调整，或者调整的时机和策略不对，很难根据当前市场行情有针对性地专业买卖调仓。

比如说2021年年初，国内市场出现了大规模震荡波动，很多人的基金不但浮盈全部震荡完，甚至出现本金的亏损。而在这个时候，投资顾问类资产配置的优势就显现出来了。

比如"中欧超级股票全明星"投顾组合，在2021年3月1日进行的调仓，就是针对年初这一波市场震荡。

普通人感受到的是基金在2021年年初不挣钱甚至是亏钱，但是专业投资机构会给出合理的解释并提出解决方案。"中欧超级股票全明星"投顾组合给出的调仓理由主要有以下几点。

- 2021年年初，市场风格开始切换，必选消费和科技类板块前期积累的估值较高，尤其是收紧货币的影响，开始进入调整期。
- 顺周期行业包括金融、制造等板块，在全球货币宽松的整体大环境下，在未来1~2个季度仍将有投资机会。
- 在具体操作方面，投顾组合将降低必选消费和科技类等前期涨幅较大的高估值配置，增加顺周期行业占比，从而使得组合在行业分布上更加均衡。

具体的调仓情况，大家可以从表6-10中获得更详细的信息。

表6-10 案例基金组合的调仓情况

序号	名称	类型	调仓后/%	备注
1	中欧丰泓沪港深	混合型	12	加仓
2	广发睿毅领先混合	混合型	10	加仓
3	中欧新动力混合（LOF）	混合型	10	保持
4	富国天合稳健优选	混合型	10	保持
5	中欧时代智慧混合	混合型	10	加仓
6	华安沪港深外延混合	混合型	10	保持
7	中欧行业成长混合	混合型	10	保持
8	中欧明睿新起点混合	混合型	6	保持
9	中欧医疗健康混合	混合型	5	保持

（续表）

序号	名称	类型	调仓后/%	备注
10	嘉实价值精选股票	股票型	10	加仓
11	中欧消费主题股票	股票型	5	保持
12	南方现金通	货币型	2	保持
13	中欧价值发现	混合型	0	清仓
14	中欧新动力混合	混合型	0	清仓
15	中欧时代先锋混合	混合型	0	清仓

可以看到，"中欧超级股票全明星"投顾组合在市场出现波动的时候，会对持有的基金组合进行调整。对不符合投资目标的基金进行减仓甚至清仓，对匹配投资目标的基金进行加仓。这样一来就不需要投资人自己手动调整仓位，从而保证投资组合的稳定性。

因此对于使用投资顾问组建的投资组合的投资者来说，只要准备好资金，剩下的事情全交给专业人士就好了。

第七章

关于基金投资，
你关心的11个问题

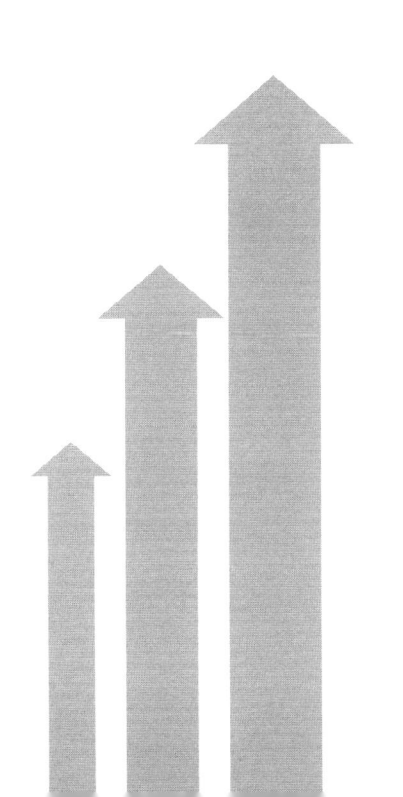

问题1：你值多少钱

大多数人努力工作，通过出卖自己的时间和技能来换取报酬。所以从某种意义上来讲，我们可以把自己理解为一项资产。

我们每个月有固定的收入，假如每月工资是1万元，加上年终2个月工资的奖金，那么我们一年的工资收入是 10 000 × 12 + 10 000 × 2 = 140 000元。相当于一项资产的年化收益是140 000元。

如果我们把这项理财产品的年化收益率设定为5%，也就是说这5%的收益率对应每年会给你带来140 000元的收益，那么就可以倒算出来我们每个人自身的价值是多少。

即 140 000/5% = 2 800 000元。

也就是说我们自身的价值是280万元。

当然毕竟不是每个人每月都能够挣到1万元。从另外一个角度，我们再来看一看每个人的价值。

如果小明非常努力工作，但是在工作中不幸去世。那么根据《工伤保险条例》，可以一次性获得工亡补助金，这个补助金的标准是上一年度全国城镇居民人均可支配收入的20倍。

2020年全国城镇居民人均可支配收入是43 834元，也就是说，他的家人一次性获得的赔付金额是 43 834×20 = 876 680 元。

所以我们每个已经参加工作的人的价值至少是 87.7 万元，而随着努力工作、理财，我们每个人的价值也在不断增长。比如你月薪 1 万元的时候自身的价值就已经达到 280 万元，当你月薪 3 万元、5 万元甚至 10 万元之后，自身的价值更会水涨船高。

当然，每个人的身价各不相同，上百万元，甚至上千万元的人也有很多。但是这个身价并不是一成不变的，比如随着年龄的增长，我们的精力、脑力都会下降，工资收入的增长将放缓，甚至出现下滑。60 岁的人即使有 30 岁的欲望，也难以突破身体的限制。毕竟，长江后浪推前浪，总有曾经的年轻人变成老年人的时候。

问题 2：买基金前你对这几个问题有答案了吗

一只基金应不应该买？怎么买？我们在买入之前，需要先问问自己以下 4 个问题。

买基金的钱是长期不用的吗

如果你的回答为不是，那么这笔钱比较适合短期理财产品。比如货币基金，它可以随时存取；又比如纯债基金，风险小且收益高于货币基金。如果有一定风险承受能力，还可以买偏债混合基金。

如果你的回答为是，那么我们就可以进入第二个问题。

目前持有股票基金吗

如果你的回答为有，若持有的股票基金比例适中，那么不妨坚守优质产品 + 资产配置，若配比很高，则可以视情况持有/调整/减仓。

如果你的回答为没有，或者比例比较低，那么就可以进入第三个问题。

买入基金之后，碰到市场下跌的情况，能挺住不卖吗

如果你的回答为挺不住，那建议少买点这只基金，或者和债券基金做搭配。也可以通过定投的方式分批买入，降低风险。

如果你的回答为能挺住，那么就可以进入第四个问题。

了解要买入的基金吗

如果回答不了解，这个时候需要你详细查看一下这只基金的基金经理，包括他的经验，是否经历牛熊市，投资风格是什么样子的，这只基金的规模有多大、投资收益排名多少、是否注重长期收益等。

如果你的回答为比较了解，说明你对这只基金做了充足的功课。但是基金买得好并不代表能够得到高收益。还需要拿得住，好的基金需要静待时间"开出玫瑰"。

投资理财一直都是自己的事情，别人替代不了。我们不能因为别人买了什么基金，也跟风去买；或者是看到别人赚得多，自己想要赚得更多。

是否投资股票基金，我们应该结合自己的风险承受能力，经过慎重考虑之后再做出决定。

如果你还在犹豫是否要买入某只基金，那么上面这4个问题可以作为一个参考。虽然这些问题无法保证你能够赚很多钱，但是至少可以帮助你厘清思路，避免人云亦云，从而少花冤枉钱。而这或许能够让你提高一些赚钱的概率。

问题3：为什么亏得少就是挣钱

经常听到朋友每天讨论基金或股票的收益，涨得好了，大家纷纷

分享自己的心得，跌了，反倒很少有人说话。

事实上，收益率的高低，并不能凭一时的成败判断。只要坚持对的投资理念，不犯大错，获得良好的投资回报只是时间问题。

其实和我们心心念念的收益相比，少亏钱更重要。为什么呢？因为，亏损越大，回本的难度就更大。而且随着浮亏的扩大，你会有一种无力回天的感觉。

通过图7-1我们可以详细地看一下浮亏和回本所需回报之间的关系。

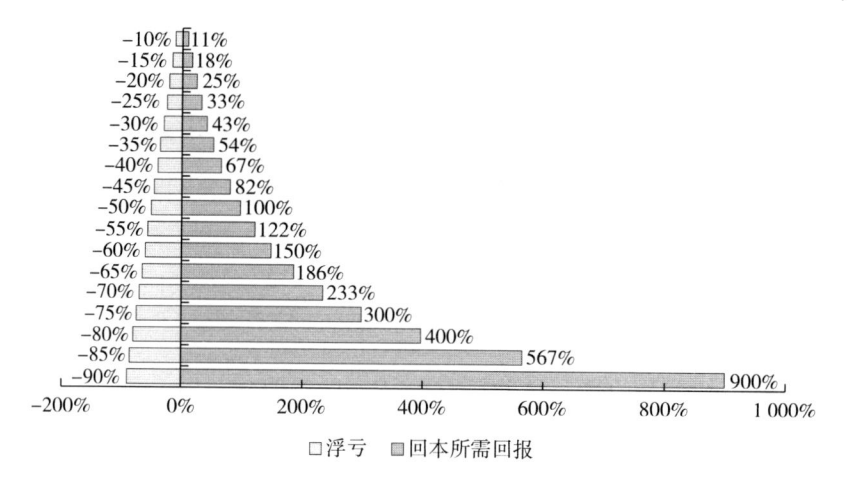

浮亏	回本所需回报
-10%	11%
-15%	18%
-20%	25%
-25%	33%
-30%	43%
-35%	54%
-40%	67%
-45%	82%
-50%	100%
-55%	122%
-60%	150%
-65%	186%
-70%	233%
-75%	300%
-80%	400%
-85%	567%
-90%	900%

图7-1 基金浮亏后需要的涨幅

资料来源：玩转理财通。

可以看出，浮亏越大、回本越难，且难度呈现指数级增长；必须确保不会让大部分资金出现大幅亏损，否则翻盘需要的成本非常高。

所以亏损越大，回本越难。

投资理财是长跑，比收益率更重要的是找到长期可持续、严控回撤的投资方式。通过组合应对风险，在低价时候逆势分批布局。

因此要设定止损点，保证我们不会出现大幅的亏损，否则翻盘需要的成本非常高，超出我们的想象。

问题 4：成长型与价值型股票有何区别

有一定投资经验的读者，可能会听过价值股和成长股这两个名词。那么成长股和价值股到底是什么意思呢？

成长型股票，形象一点的解释，就如同一个 20~30 岁的小伙子，工作积极努力，精力非常充沛，有较好的发展潜力，当然也有较大失败的可能。对应到股票市场，成长型股票通常是那些估值较高，但是为成长型、盈利增长较快的公司。代表指数如创业板指数、科创 50 指数，代表板块如科技板块和医药板块。

价值型股票，也可以做类似形象理解。价值型股票就如同 40 岁事业有成的中年人，家底殷实，行为处事稳重，情绪稳定，你指望他有小伙子的冲劲儿是不可能了，但是也不会一夜返贫，毕竟家底在那里。对应到股票市场，价值型股票通常就是那些估值较低，公司基本面比较好的公司。典型代表有银行、地产、电力、工程机械等行业的股票，代表指数如上证 50 指数。

问题 5：持有基金多久能够获得正收益

投资基金，不但需要筛选出优秀的基金，同时还要拿得住。如果拿不住，就是竹篮打水一场空。很多人忍受不了黎明前的黑暗，割肉离场。

那么，至少要持有一只基金多久才能够赢利呢（见图 7-2）？

事实上，没有谁能够保证你手里的基金一定能赚钱。

不过，我们通过对 2003 年年初到 2020 年年底这 18 年的数据进行回测后发现，持有基金的时间和赚钱的概率是有关系的。

对于大多数人来讲，买入基金并持有 2~3 个月是常态。根据回测数据我们发现，持有股票基金 3 个月，年化收益为正的概率在 60%，

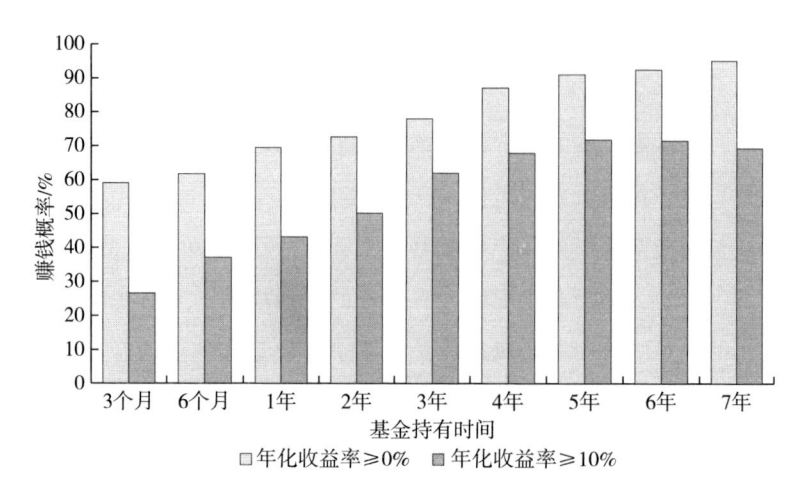

图7-2 基金持有时间与赚钱概率

资料来源：玩转理财通。

年化收益率大于等于10%的概率不到30%。

所以，即使基金再好，如果持有的时间不够，也很难赢利。

随着持有偏股型基金的时间增长，赚钱的概率也在不断提高。当持有偏股型基金达到1年的时候，年化收益率为正的概率达到70%，年化收益率大于等于10%的概率超过40%；当持有偏股型基金达到5年的时候，年化收益率为正的概率达到87%，年化收益大于等于10%的概率超过70%。

所以，长期持有偏股型基金能够有效提升赚钱收益和赚钱的确定性。

对于我们每一个人来讲，管住手，放下一时的冲动，或许才是"获得"的开始。

问题6：收益率达到多少，最让人放心

到底收益率超过多少能够落袋为安，或者说止盈呢？我们先来看一看，全球知名投资大师的业绩。

- 本杰明·格雷厄姆，是"股神"巴菲特的老师，被称为"价值投资之父"，在30年的投资生涯里，复合年化收益率在20.0%。
- 约翰·聂夫，24岁进入美国克利夫兰国民银行工作，把濒临清盘解散的温莎基金经营成当时最大的共同基金，在31年的投资生涯里，复合年化收益率达到13.8%。
- 沃尔特·施洛斯，一生经历18次经济衰退，得到格雷厄姆的真传，曾与巴菲特共事，90岁高龄的时候还保持着敏锐的投资嗅觉，他执掌的基金在近50年的时间里长期跑赢标杆股指，47年的投资生涯复合年化收益率是20.0%。
- 安东尼·波顿，信奉"业绩为王"，被认为是英国乃至欧洲30年来最优秀的基金经理，在28年的投资生涯里，复合年化收益率在20.3%。
- 菲利普·费雪，是"高风险"投资家，专注成长股，出版的《怎样选择成长股》一书风靡全球，复合年化收益率为20.0%。
- 彼得·林奇，从不相信谁能预测市场，他认为不做研究就投资，和玩扑克牌不看牌面一样盲目，在管理麦哲伦基金13年的时间里，复合年化收益率达到29.0%。

表7-1 全球投资大师收益统计表

序号	姓名	投资时间/年	复合年化收益率/%	投资特点
1	本杰明·格雷厄姆	30	20.0	价值投资之父
2	约翰·聂夫	31	13.8	市盈率鼻祖、价值发现者
3	沃尔特·施洛斯	47	20.0	坚守简单的价值投资原则
4	安东尼·波顿	28	20.3	信奉业绩为王
5	菲利普·费雪	21	20.0	成长股投资专家
6	彼得·林奇	13	29.0	被誉为股票天使

通过以上对几位大师的投资业绩介绍，你会发现以下几个规律。

- 大师的复合年化收益率似乎并不高，大部分为 15%~20%。
- 大师的难能可贵之处在于，这样的复合年化收益率可以保持 20 年、30 年之久，而不是 1 年或者 2 年。

因此，如果 2020 年你的投资复合年化收益率超过了以上大师，也不要沾沾自喜，可以算一算从开始投资以来你的复合年化收益率是多少？

如果我们以复合年化收益率 15% 为标准，看一看国内又有哪些基金经理 5 年甚至 10 年的复合年化收益率能够达到这个水准？

因此，如果一定要给我们的投资收益制定一个目标的话，很显然，你的复合年化收益率能够达到 15%~20%，就是一个非常好的投资收益。

需要说明的是，这里的年化收益率是复合年化收益率，而不是其中某一年的年化收益率。

还需要说明的是，复合年化收益率 15% 也好、20% 也罢，并不是说每年都会有 15%~20% 的收益率，没有哪个理财产品或者基金能够保证这样的收益率，即使是回测历史数据，理财产品里面的收益率其实也是一个长期平均的结果。上一年的年化收益率可能是 8%，下一年的年化收益率可能是 16%，但是整体平均计算下来复合年化收益率是一个客观的水平，我们可以把 12% 作为一个理性的中位数（见图 7-3）。

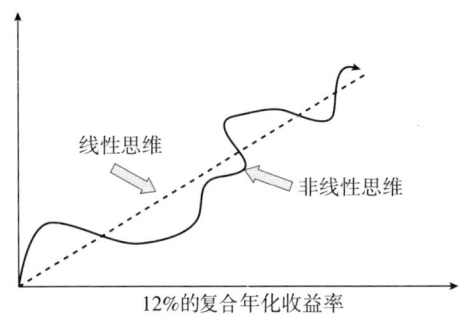

图 7-3 理性的复合年化收益率中位数

实际投资和投资收益不是线性的，而是非线性的。

问题 7：为什么我的基金不如别人家的好

我曾经跟一个读者发生过这样一段对话：

读者：为什么每次看自己买的基金，总觉得不如别人的好？

我：你是不是天天看基金涨跌？

读者：对啊，每天都看我买的基金收益，感觉一直是跌得多，涨得少。

我：然后就对自己的基金不满意，恨铁不成钢，想卖掉换成"别人家"的基金？

读者：是啊，是啊。你看一看别的热门基金涨幅，再看一看我的，唉！

我：其实你的这只基金涨幅也不小。之所以觉得涨得慢，甚至想卖出，主要是因为人对亏损感受到的痛苦是获利感受到的快乐的两倍。

读者：这是什么意思？

我：2017 年的诺贝尔经济学奖得主理查德·泰勒提出过一个"效用函数"：

效用函数 = 资产上升的概率 − 资产下降的概率 × 2

如果结果大于零，说明我们对结果满意；如果小于零，说明我们对结果不满意。从公式你就能看出来，我们大部分时间关注的是下跌，而且下跌给我们带来的痛苦远远大于上涨给我们带来快乐。

久而久之，我们看自己的投资产品会越来越不顺眼，尤其是短时间内基金等跌多涨少的时候，会使得我们变得更加短视，甚至会影响我们的行为，比如卖出自己的基金或者股票，从而导致自己持有理财产品的时间很短，很难获得更好的收益。

读者：那我们应该如何避免这种情况呢？

我：很简单，也是理查德·泰勒给出的建议：不用总是去看投资回报。

读者：就这么简单？

我：是的，至少不用每天去看。短时间内审视回报，效用为负。有一位朋友，在2008年高站位入场，想到这里，大家肯定会觉得他亏大发了。但是，所幸的是，他后来把账号忘记了，导致客观上无法卖出基金。10年以后，他想起来密码，再进去看，发现收益已经翻倍了。所以，拿得住，最重要。如果有时间可以看一看书或者健身娱乐，毕竟理财不是生活的全部。

问题8：基金定投，按什么频次收益最好

基金定投的好处，想必大家都已经知道了。

但是，对于投资收益的追求，没有最高，只有更高。

比如，经常有人问我：按月定投、按周定投和按天定投哪个方式收益更高呢？

基金定投可以分散择时的风险，设定好投资的频次，省时省力。至于是按月、按周还是按天进行投资，我们来回测一下之前的数据。

通过对2015年年初到2020年的数据进行回测，我们看一看这3种定投频次有什么差别（见图7-4）。

情况1：每周定投1 000元，累计投入29.1万元，累计资产为46.4万元。

情况2：每天定投，累计投入29.1万元，累计资产为46.6万元。

情况3：每月定投，累计投入29.1万元，累计资产为46.9万元。

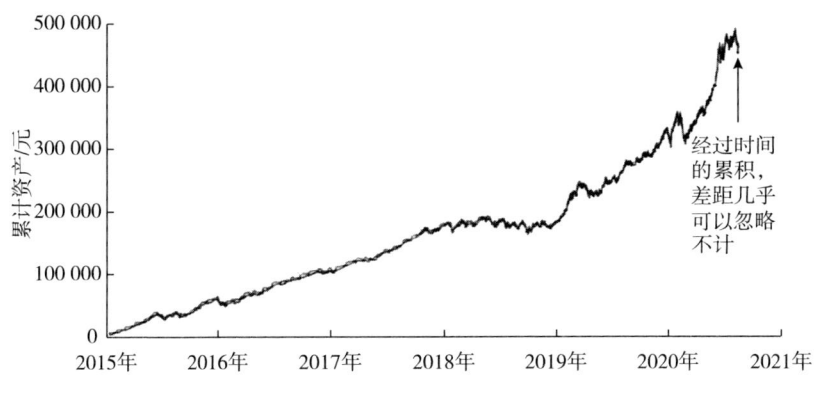

图7-4 按月、按周、按天定投偏股型基金的收益

资料来源：玩转理财通。

也就是说，无论是按月、按周还是按天进行投资，三者之间的收益差距基本上可以忽略不计。

所以，大家是否安心了很多？

既然今天说到了定投频次的问题，那么我们就再进一步。

因为是回测数据，所以我们就能够知道过去这5年多的时间里，每个月偏股型基金的最低点和最高点。我们计算一下看一看，在每个月的最低点、最高点以及每个月的月初进行投资，收益会有什么变化（见图7-5）。

情况1：完美择时，即在每月最低点定投1 000元，累计投入6.9万元，累计资产达到11.4万元。

情况2：总是选错，即在每月最高点定投1 000元，累计投入6.9万元，累计资产达到10.6万元。

情况3：不择时，即在每月月初定投1 000元，累计投入6.9万元，累计资产达到11.0万元。

也就是说，经过5年多的数据回测，即使我们打开了"上帝视

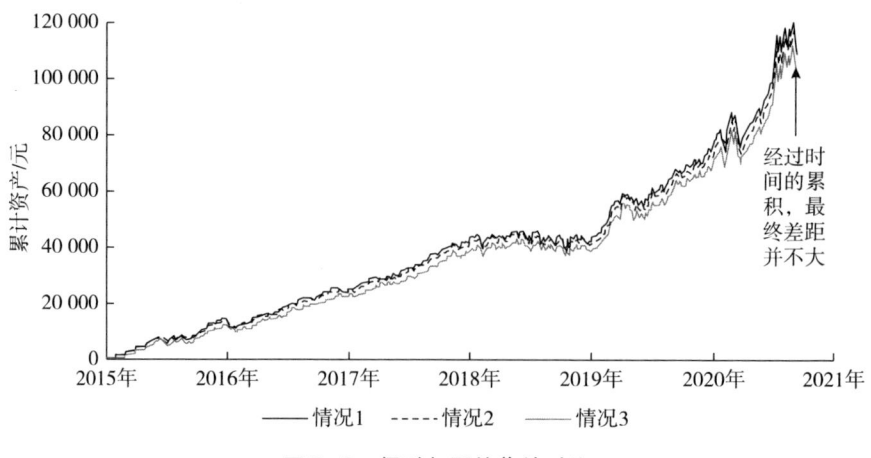

图 7-5 择时与否的收益对比

资料来源：玩转理财通。

角"，可以穿越回去，3 种定投方式的收益差距最大也仅为 8 000 元，此即完美择时与总是选错之间的收益差距。

而事实上，现实生活中，很难出现这样的极端情况，更多的是介于两者之间。不择时和完美择时的差别仅为 4 000 元左右，从 5 年的时间周期来看，其实差别并不大。

因此，不用纠结按日定投、按周定投还是按月定投了，也不用纠结每月定投的时间是不是最低点，时间会磨平所有的沟沟坎坎。

问题 9：明年市场会大涨吗

很多人会问我：明年的行情怎么样，什么样的基金会大涨？

说实在的，这个问题很难回答。

如果我知道答案，就不用天天上班，直接就能实现财富自由了。

虽然市场很难预测，但是对历史数据的挖掘会给我们带来一些启示。我们对过去 15 年的偏股型基金进行了数据回测（见图 7-6）。

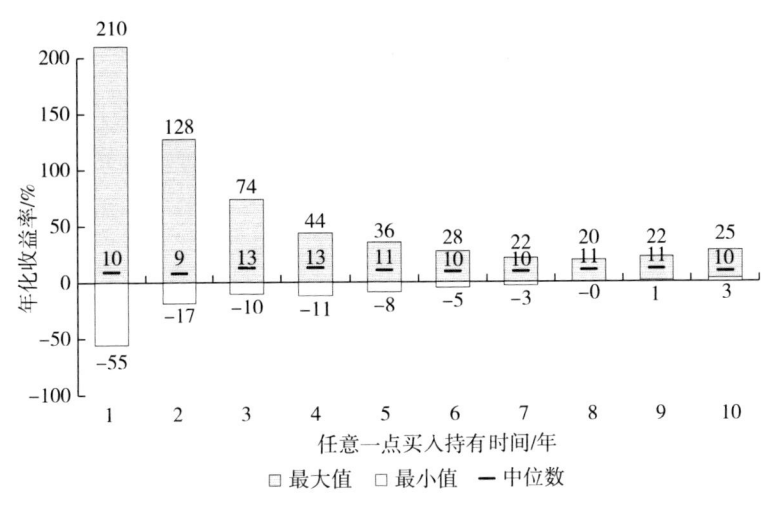

图 7-6 偏股型基金持有期限与年化收益率

资料来源：玩转理财通。

假如我们在这 15 年里的任何一个交易日买入偏股型基金，持有 1~10 年，会有怎样的收益呢？

先来看看持有 1 年时间，在这 15 年里，在任何一个交易日买入 1 只偏股型基金并持有 1 年，在最好的情况下年化收益率达到 210%，但是在最坏的情况下年化收益率则为 -55%。

也就是说，基金今年的收益好，并不能代表明年的收益就一定好。资本市场不是线性的，更没有惯性。

但是，我们拉长时间轴来看的话，还是有规律可循。

以 1 年的维度来看，偏股型指数基金年化收益率最好时高达 210%，最差时也可能损失 55%；但随着时间拉长，年化收益率的规律性会明显提高。

如果我们持有基金达到 5 年，这时候年化收益率的区间会进一步缩小，在 -8%~36%。

如果我们持有基金达到 8 年，这时候任何一只基金年化收益率都会在0%~20%。基本上已经消灭了负收益。

如果持有基金达到10年，年化收益率将在3%~25%。

当然，我们在投资基金的时候，肯定不是闭着眼睛随便选一只。如果进行详细的筛选，优中选优，那么对应的年化收益率可能要比刚才的测算结果高出几个量级。

问题10：基金为何很难长期持有呢

基金投资可以挣到钱，相信很多人都听过这句话。

图7-7所示的是沪深300指数过去5年的走势。从指数数值来看，过去5年沪深300指数从3 100多点一直涨到了目前的5 200多点，很显然投资基金，或者说投资指数基金很容易赚到钱。

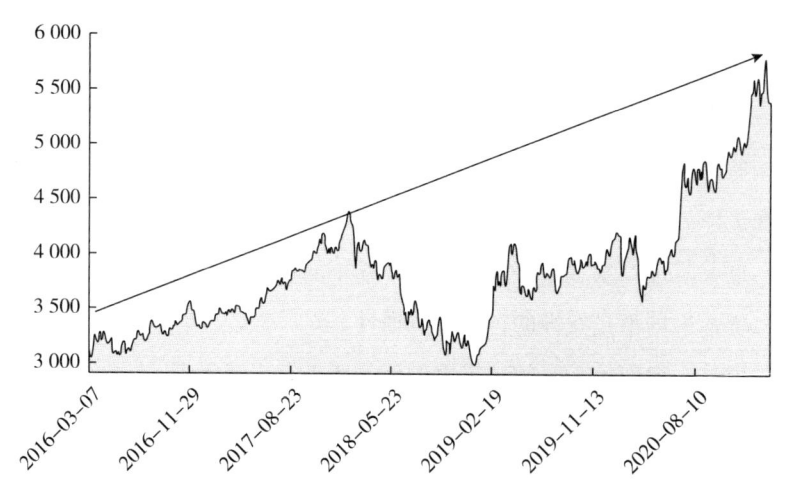

图7-7 沪深300指数过去5年的走势

但是，理想是丰满的，现实却总是那么骨感。基金这5年走的可不是康庄大道，而是布满沟沟坎坎的路。路上有的坑还不是一般的大，那是相当大，尤其是在2018年的时候，基金跌得让人怀疑人生。

虽然从长期来看收益确实可观，但是这并不意味着它会单边上涨，更不是线性增长。而是如同过山车一样有涨有跌，因此投资基金之前，我们要事先对基金的波动、回撤等风险点有充分的心理预期，并做好心理建设。

很多投资者只看到基金的高收益，却对它的波动性认识不到位，以为基金的收益会线性上涨，顶多是涨得快还是慢的问题。然而现实是一旦遇到基金产生波动，普通投资者就会产生心理落差，甚至中途"割肉"离场，错失了长期上涨的收益。

问题 11：开源到底开的什么源

先开源，后节流

我们每个人，都是自己这个单独个体的"管理者"，就如同管理一家企业一样。

企业存在的核心价值是创造利润，因此开源节流对所有人来讲，都是开源在先，节流在后。

开源的重要性远大于节流，开源不仅仅是指赚钱的机会和方法，还指寻找投资自己、匹配资源、转变方向的思路。

但是，大部分人潜意识里还是认为"节流"的作用更大。

因为大部分国人都生活在普通家庭环境中，我们潜移默化的思维模式就是要节省。

花钱要节省、买东西要讲究性价比、购物车囤货要在"双11"才能清空、打折券一定不能浪费等。

很少有人对自己的儿女说：你要学会享受花钱的乐趣。

但是，无论如何我们也无法靠节流过上想要的生活。

开源，不仅要开财源，更重要的是开人源

开源不是一个陌生的概念，不同时期，大家对开源的叫法也不一样。曾经被称作"兼职"，还有一段时期被称为"做副业"，现在叫"成为斜杠青年"。

开源大体分为3种，一种是短期开源，另一种是长期开源，最后一种是根本性开源。

短期开源有很多种，基本就是售卖自己的时间和劳动力。比如开滴滴、送外卖等。短期开源来钱快，但是其中一次性收益的情况居多。

长期开源，需要一定的时间和精力去布局，前期投入需要更多的时间，受益也是长期的。比如出书、拍短视频、通过教育提升工作能力等。

第三种根本性开源才是生财的大道，万人万物都是你的源。

什么是生财有大道的开源？

人就是你最重要的源。

有能力把人这个源开好，胜过只在小事情上捣鼓的开源。

我们仔细观察略有成就的人，就会发现，他们的成功一定是有人在身边，这种开源是真正源头上的开源。

先开人源，再开物源。

人生破局永远是在人源。

后记

当我完成本书的初稿时,我正坐在从深圳回北京的飞机上。

回想过去几年,陆陆续续有上万名读者通过我的第一本理财书认识了我,一时感慨万千。

和大家刚认识的时候,我都会首先问问你是哪里人、在哪里看到了我的书、目前做了哪些投资等。很多读者还会把看书的过程拍照发给我。更让我感动的是,大家在看书的同时还在认真做笔记。甚至有很多读者已经把书看了好几遍。

有几个场景一直让我记忆犹新:一位年轻的爸爸给我发了一张照片,是他自己和孩子一起趴在床上看书,孩子在看儿童读物,而他在看我写的理财书;还有一位东北的读者发来自己和女儿的照片,原来是她周末带着女儿去图书馆看书学习。虽然我们没有见过面,但是能够通过基金投资跟大家结缘,并得到大家的信任,是让我既感动又骄傲的事情。

感谢大家的关注和认可,虽然我们从事的是不同的工作,有的是老师、公务员、医护工作者,有的是卡车司机、外卖小哥、宝妈,甚至还有很多在校的大学生,但是我们对财富的渴求是相通的。

第一本基金投资书出版已经快 3 年了,驱使我再次拿起笔的,是你们。是的,就是现在读这本书的朋友。

每次加到新读者微信,大家多半会跟我聊聊自己的投资经历和现在遇到的困惑，这种信任让我觉得自己责任重大。

看到不少读者一边看书一边认真做笔记的照片时，我的内心充满了感动和羞愧。感动的是，自己的书能够得到这么多人的关注。羞愧的是，害怕自己第一次写的内容有不严谨的地方而影响大家。

因此，在不断积累和提升自身知识储备的同时，本着对读者负责的原则，我也一直计划再写一本内容更加完备的基金投资书。如果说第一本书更多的是介绍了基金的基本概念，那么，现在写的这本基金投资书，是对上一本书的升级和完善。

在这本书里，我简单介绍了基金基础概念，没有任何理财经验的读者也能轻松看懂。另外也分析了每个人一生财富的积累过程，让大家对理财既有紧迫感也有全局感。书里用很多笔墨介绍了垂直领域的基金，比如消费类、医药类等，并把筛选基金的方法介绍给大家。同时，我也给出了很多投资的小技巧和止盈的公式。在资产配置方面，介绍了国内外的很多方法，希望你在读完这本书之后也能自己动手搭建适合自己的投资组合。在最后一章，我列举了 11 个大家经常问到的问题，并一一作答。

整本书，能够用数据证明的内容，我也尽量把数据讲得言简意赅，让更多人能够明白其中的道理。尽量用图展现基金筛选的步骤，方便大家理解。

当然，即使没有读过第一本书也不用担心，你依旧可以直接拿起这本书很轻松地读起来，并且理解基金投资的门道。

在这里，我要感谢一路陪伴我的家人。撰写第一本书的时候，我的大女儿茜茜刚刚出生；而开始撰写第二本书的时候，我的小女儿朵朵也来到了这个世界。也许这本身就是一种妙不可言的缘分。感谢茜茜和朵朵，你们给我带来了无尽的快乐。也感谢我的妻子为家庭付出和牺牲了很多。

最后，我想跟大家说的是，投资理财仅仅是生活的一部分，它可以让我们的生活品质更高，但并不需要我们每天花很多精力投入其中。对于投资，我们可以用更加平和的心态。做生活的主人、金钱的主人，而不是成为金钱的奴隶。

希望每个人，都能够从这本书里发现财富的密码，让我们的生活更加从容、有意义。